Süßes Kleingebäck

Von Apfel-Muffin bis Zimtschnecke

Schnelles Backen

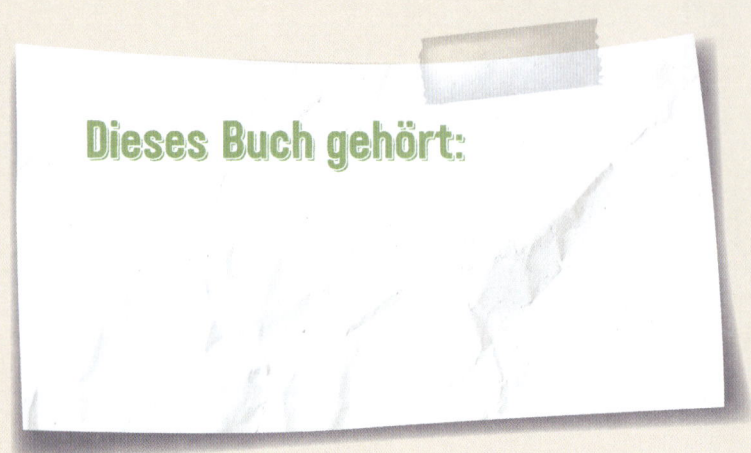

Dieses Buch gehört:

Im Eigenverlag Dr. Oetker GmbH, 9500 Villach
Dr. Oetker Rezeptdienst: Konditormeister Erhard Klug-Hudritsch

Konzeption & Gestaltung: scanlitho.teams, Eggeweg 26, 33617 Bielefeld

Fotos & Setstyling: Dieter Brasch, Wien

Foodstyling: Mag. Mariella Lahodny-Bothe, MSc, Wien

Druck: Salzkammergut Druck Mittermüller, Gmunden

ISBN: 978-3-902432-17-9
Erstausgabe 2022, alle Rechte vorbehalten

Impressum:
Dr. Oetker GmbH, Postfach 19, 9500 Villach, Telefon 04242/55 4 54-0
E-Mail: service@oetker.at, Internet: www.oetker.at

Vorwort

Eine Handvoll gebackenes Glück!

Es muss nicht immer eine aufwändige Torte oder ein großer Kuchen sein. In diesem Buch warten viele kleine Naschereien darauf, von Ihnen entdeckt zu werden. Egal, ob als Nachspeise am Wochenende, als köstliche Mitbringsel, für den Kindergeburtstag oder auch mal als „Sweet Table" für einen besonderen Anlass: Süßes Kleingebäck bringt jede Menge Abwechslung auf unsere Kuchenteller.

Kleingebäck ist im Grunde alles, was in eine Hand passt: schokoladige oder fruchtige Muffins, cremige Cupcakes, aber auch traditionellere Rezepte wie Mini-Schaumrollen, Zimtschnecken oder Nuss-Stangerl. Ganz nach dem Motto „Klein, aber fein" versüßen die Rezeptideen in diesem Buch sowohl den nächsten Nachmittagskaffee als auch die kommende Geburtstagsparty.

Seit über 100 Jahren ist Backen unsere Leidenschaft – und auf diese Tradition sind wir stolz! Bereits 1907 veröffentlichte Dr. Oetker das erste Kochbuch. Darin waren nicht nur gelingsichere Rezepte zu finden, sondern unter anderem auch Ratschläge für „die Kunst, glücklich zu sein". Das ist bis heute unser Versprechen: Unsere Rezepte gelingen garantiert – und machen glücklich. Daher sind alle Rezepte in diesem Buch einfach und gelingsicher beschrieben und mit einem Foto versehen, das Lust aufs Backen macht.

Wir würden uns freuen, wenn Sie dieses Buch mit Ihren Post-its, Anmerkungen und Kommentaren versehen und damit erst so richtig zum Leben erwecken. Denn sind nicht die besten Rezeptbücher die, die oft in die Hand genommen werden und voller Notizen und Geschichten stecken?

Bei Fragen und Anregungen zu unseren Rezepten stehen wir Ihnen gerne unter der gebührenfreien Telefonnummer 00800 71 72 73 74 zur Verfügung.

Gutes Gelingen & viel Freude beim Backen!

Ihr Dr. Oetker Konditormeister
Erhard Klug-Hudritsch

Qualität ist das beste Rezept.

Abkürzungen

KL	=	Kaffeelöffel
EL	=	Esslöffel
Ø	=	Durchmesser
g	=	Gramm
ml	=	Milliliter
l	=	Liter
Std.	=	Stunde(n)
Min.	=	Minute(n)
Stk.	=	Stück
Pck.	=	Päckchen
Pkg.	=	Packung
ca.	=	circa

Die Rezepte sind wie folgt gekennzeichnet:

Eiklarverwertung (E)

Dotterverwertung (Do)

glutenfrei (G)

Vollkorn (V)

vegetarisch

vegan

gelingt leicht

etwas Übung erforderlich

aufwändig

Die Zubereitungszeit beinhaltet nur die Zeit für die eigentliche Zubereitung, die Backzeiten sind gesondert ausgewiesen. Längere Wartezeiten wie z. B. Kühlzeiten sind ebenfalls nicht mit einbezogen.

Inhaltsverzeichnis

Gut zu wissen

Rund um die wichtigsten Zutaten

Mehl

Mehl ist zweifellos eine der wichtigsten Zutaten bei Kuchen. Meist wird dabei Weizenmehl verwendet. Abhängig vom Rezept kommen unterschiedliche Mehlsorten zum Einsatz, aber sie haben eines gemeinsam: Sie enthalten Gluten. Gluten sind Proteine (Gliadin und Glutenin, die zusammen den Kleber ergeben), die das Gebäck stabilisieren und die durch Zugabe von Flüssigkeit die richtige Bindung und Struktur der Masse oder des Teiges erst ermöglichen. Deutlich wird das zum Beispiel bei einer Biskuitmasse, die meist ohne Backpulver zubereitet wird: Durch das Aufschlagen wird die Masse luftig und locker. Gluten sorgen dafür, dass der Teig nach dem Backen nicht in sich zusammenfällt und seine Form behält. Lassen Sie daher Biskuitmassen erst auskühlen, bevor Sie sie aus der Form nehmen – ansonsten können sie leichter brechen. Gluten speichern außerdem auch das Zwei- bis Dreifache ihres Gewichts an Flüssigkeit und sorgen so auch dafür, dass der Kuchen saftig bleibt.

- **Warum soll das Mehl gesiebt werden?** Durch das Sieben verteilt sich das Mehl, und damit auch die Gluten, besser in Masse oder Teig. Die kleineren Poren sorgen so für einen noch feineren Kuchen.

- **Weizenmehl durch Dinkelmehl ersetzen:** Dinkelmehl ist Weizen sehr ähnlich und kann daher auch einfach 1:1 ausgetauscht werden. Gebäck mit Dinkelmehl wird etwas kompakter und der Geschmack etwas herzhafter.

- **Weizenmehl durch Vollkornmehl ersetzen:** Weizenmehl kann nicht 1:1 durch Vollkornmehl ersetzt werden, denn Vollkorn verhält sich beim Backen anders. Wir empfehlen daher, Rezepte zu verwenden, die eigens für Vollkornmehl entwickelt wurden.

- **Weizenmehl durch glutenfreies Mehl ersetzen:** Dies ist nicht 1:1 möglich, da eben glutenfreien Mehlarten das Klebereiweiß fehlt, das für die Stabilität und das Aufgehen der Masse notwendig ist. Will man glutenfrei backen, sollen spezielle glutenfreie Rezepte verwendet werden.

Backzeiten

Die von uns angegebenen Backzeiten können je nach Backrohr variieren. Kontrollieren Sie daher das Gebäck in den letzten Minuten regelmäßig. Wenn Sie mit Heißluft backen, reduzieren Sie die im Rezept angegebene Backtemperatur von Ober-/Unterhitze um 20 Grad.

Zucker

Zucker, vor allem Kristallzucker, sorgt beim Backen nicht nur für die Süße, sondern auch für das Volumen des Gebäcks. Durch die Zuckerkristalle ist Zucker als Zutat außerdem ähnlich wie Gluten auch für die Stabilität wichtig. Bei Biskuitmassen soll Zucker daher immer wie im Rezept angegeben verwendet werden. Zucker kann also nur dann reduziert oder ersetzt werden, wenn er ausschließlich für das Süßen zum Einsatz kommt. Achten Sie auch darauf, dass Zucker bei Germteigen wichtig ist, weil er die Germ nährt. Mit zu wenig Zucker geht auch der Germteig weniger gut auf.

Staubzucker wird vorwiegend dann verwendet, wenn sich Kristallzucker nicht oder nur schwer auflösen kann. Löst sich Zucker nicht ganz auf, bildet er im Gebäck kleine weiße Flecken.

Eier

Eier sind wichtig als Bindemittel beim Backen, da sie durch das Erhitzen ihre Konsistenz von flüssig auf fest verändern. Außerdem helfen sie, die Masse locker und luftig zu machen, wenn sie vorab aufgeschlagen werden. Verwenden Sie zum cremigen Steifschlagen von Eiklar am besten Kristallzucker. Es gibt aber auch einige wenige Rezepte mit Staubzucker.

In unseren Rezepten beziehen sich alle Eier auf die Größe M, das entspricht ca. 50 g. Sollten Sie eine andere Ei-Größe verwenden, wiegen Sie die Eier idealerweise ab.

- **Eiklarverwertung:** Übrig gebliebenes Eiklar können Sie einfach einfrieren. Vergessen Sie nicht, die Anzahl der Eiklar auf dem Behälter zu vermerken. Nach dem Auftauen lässt es sich wie gewohnt verarbeiten. Eiweiß ist eingefroren ca. 8 Monate haltbar.
- **Dotterverwertung:** Bedecken Sie übrige Eidotter in einer Tasse mit Milch oder Wasser, so trocknen sie im Kühlschrank nicht aus und sind noch einige Tage haltbar. Auch das Einfrieren von Dottern ist möglich. Sie sind so ca. 8 Monate haltbar.

Butter oder Margarine?

Fett in Form von Butter oder Margarine ist in vielen Rezepten nicht nur wichtig für den Geschmack des Gebäcks, sondern auch für dessen Konsistenz und Stabilität. Grundsätzlich kann Butter in den meisten Rezepten auch durch Margarine ausgetauscht werden. Jedoch spielt die Konsistenz des Fettes eine entscheidende Rolle: So gelingt ein Mürbteig nicht mit flüssiger Butter, und ein Germteig geht mit kalter Butter nicht oder deutlich schlechter auf als mit raumwarmer.

Unterschied Muffins & Cupcakes

Muffins sind kleine Kuchen, die in der Muffinform gebacken werden. Cupcakes sind Muffins mit Topping, meist aus Buttercreme, und sind verziert z. B. mit Früchten, Streuseln usw..

Einfrieren

Muffins, auch als Basis für Cupcakes, eignen sich hervorragend zum Einfrieren.

Grundrezept für helle Muffins und Schoko-Muffins

ca. 20 Min.

Zutaten für 12 Stück

All-in-Sandmasse

190 g glattes Mehl
1 gestrichener KL Dr. Oetker Backpulver
150 g Zucker
1 Pck. Dr. Oetker Vanillin Zucker
1 Prise Salz
3 Eier (Größe M)
150 g weiche Butter

Variante Schoko-All-in-Sandmasse

190 g glattes Mehl
1 gestrichener KL Dr. Oetker Backpulver
20 g gesiebter Backkakao
150 g Zucker
1 Pck. Dr. Oetker Vanillin Zucker
1 Prise Salz
3 Eier (Größe M)
40 ml Speiseöl
150 g weiche Butter

Zubereitung helle Muffins

Für die Masse Mehl mit Backpulver vermischen und in eine Rührschüssel sieben. Die übrigen Zutaten der Reihe nach dazugeben und mit dem Handmixer (Rührstäbe) zu einer glatten Masse verrühren.

Zubereitung Schoko-Muffins

Für die Masse Mehl mit Backpulver und Kakao vermischen und in eine Rührschüssel sieben. Die übrigen Zutaten der Reihe nach dazugeben und mit dem Handmixer (Rührstäbe) zu einer glatten Masse verrühren.

Die Masse mithilfe von 2 Esslöffeln in eine mit Papierförmchen ausgelegte Muffinform füllen.

Die Form auf dem Rost in die Mitte des vorgeheizten Rohres schieben.

Ober-/Unterhitze: 180 Grad
Backzeit: ca. 28 Min.

Tipps:

- Alternativ die Masse in einen Spritzbeutel mit Lochtülle (12–14 mm Ø) geben und in eine mit Papierförmchen ausgelegte Muffinform spritzen.
- Oder die Masse mit einem Eisportionierer portionieren.

Spritztechniken für hübsche Cupcake-Toppings

Sternbandtülle 16 mm

Rosentülle 16 mm

Blatttülle 18 mm

Sterntülle geschlossen 11 mm

Balltülle 18 mm

Blumentülle 8 mm

Lochtülle 13 mm

Sterntülle 13 mm

Sterntülle 5 mm

Buttercreme-Topping-Varianten

Zutaten für 12 Stück Cupcakes

1 Pkg. Dr. Oetker Tortencreme klassische Art
1/4 l raumwarme Milch
250 g weiche Butter
120 g gesiebter Staubzucker
1 Pck. Dr. Oetker Vanillin Zucker

Zubereitung Basiscreme

Das Tortencremepulver mit dem Schneebesen in die Milch einrühren und zu einer cremigen Masse verrühren. Die Masse ca. 15 Minuten stehen lassen. Butter, Staubzucker und Vanillin Zucker mit dem Handmixer (Rührstäbe) schaumig rühren. Die Tortencreme löffelweise unter die Buttermasse rühren.

1. Himbeer-Buttercreme:

150 g Himbeermark mit 70 g gesiebtem Staubzucker verrühren und unterrühren.

2. Nuss-Buttercreme:

150 g geröstete, geriebene Nüsse nach Wahl unterrühren.

3. Erdbeer-Buttercreme:

150 g Erdbeermark mit 70 g gesiebtem Staubzucker verrühren und unterrühren.

4. Zitronen-Buttercreme:

Saft und abgeriebene Schale von einer Zitrone unterrühren. Für einen guten Zitronengeschmack frische Zitronen verwenden.

5. Kaffee-Buttercreme:

2 KL Löskaffee mit 2 EL lauwarmer Milch verrühren und unterrühren.

6. Nougat-Buttercreme:

120 g erweichten Dr. Oetker Nuss Nougat unterrühren.

7. Schoko-Buttercreme:

100 g erweichte Schokolade unterrühren.

8. Vanille-Buttercreme:

Mark einer aufgeschnittenen Dr. Oetker Vanilleschote unterrühren.

Tipp:

Im Internet sind unzählige Spritztüllen erhältlich, um damit verschiedenste Verzierungen aufzuspritzen. Für die Buttercreme-Toppings wurden z. B. Ball-, Blüten-, Rüschen-, Rosetten- und Blättertülle verwendet.

1.

2.

3.

4.

5.

6.

7.

8.

11

Klassisches Kleingebäck

Zimtschnecken in der Auflaufform

🧁 🧁 🧁 🕐 ca. 60 Min.

Mögen alle gern

Zutaten für 12 Portionen

Germteig
400 g glattes Mehl
1 Pck. Dr. Oetker Germ
80 g Zucker
1 Pck. Dr. Oetker Bourbon Vanille Zucker
1 Prise Salz
2 Eier (Größe M)
$1/8$ l lauwarme Milch
100 g weiche Butter

Füllung
70 g weiche Butter
50 g Zucker
2 KL Zimt
1 Prise Lebkuchengewürz

Karamellisierte Mandeln
25 g Mandelblättchen
1 EL Zucker

Frischkäse-Topping
50 g weiche Butter
100 g Doppelrahm-Frischkäse
50 g gesiebter Staubzucker
2 KL Dr. Oetker Bourbon Vanille Paste

Zubereitung

1. Für den Teig das Mehl in eine Rührschüssel sieben und mit der Germ gut vermischen. Die übrigen Zutaten der Reihe nach dazugeben und mit dem Handmixer (Knethaken) zu einem Teig verkneten. Zugedeckt an einem warmen Ort so lange gehen lassen, bis der Teig doppelt so hoch ist.

Den Teig auf einer bemehlten Arbeitsfläche zusammenstoßen (flach drücken und von links und rechts zur Mitte hin einschlagen) und rechteckig (30 x 50 cm) ausrollen.

2. Für die Füllung Butter mit Zucker und Gewürzen mit dem Handmixer (Rührstäbe) verrühren. Die Füllung auf den Teig streichen. Den Teig von der langen Seite aus fest aufrollen (Abb. 1) und in 12 Scheiben schneiden. Die Scheiben mit der Schnittfläche nach oben in eine befettete Auflaufform (20 x 30 cm) (Abb. 2) geben und zugedeckt ca. 20 Min. gehen lassen.

Die Form auf dem Rost in die untere Hälfte des vorgeheizten Rohres schieben.

Ober-/Unterhitze: 180 Grad
Backzeit: ca. 30 Min.

Abb. 1

Abb. 2

3. Die Mandeln in eine heiße beschichtete Pfanne geben und ohne Fett bei mittlerer Hitze goldbraun rösten. Den Zucker dazugeben und unter Rühren karamellisieren. Die Mandeln auf einen Teller geben und erkalten lassen.

4. Für das Topping Butter mit Frischkäse, Staubzucker und Vanille Paste mit dem Handmixer (Rührstäbe) verrühren. Die Zimtschnecken nach dem Backen ca. 5 Min. in der Form überkühlen lassen und das Topping mithilfe eines Löffels darauf streichen. Die Mandeln auf das Topping geben. Die Zimtschnecken lauwarm servieren.

15

Kleine Nuss- oder Mohnschnecken

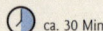 ca. 30 Min.

Zutaten für 22 Stück

Zum Vorbereiten
1 Pkg. fertiger Croissant- &
Plunderteig (aus dem Kühlregal)

Zum Bestreichen
50 g flüssige Butter

Variante Nussfüllung
100 g geröstete, geriebene Walnüsse
50 g gehackte Walnüsse
80 g Gelbzucker

Variante Mohnfüllung
170 ml Milch
40 g Zucker
200 g geriebener Mohn
30 g Honig
etwas Zimt
1/2 Pck. Dr. Oetker Finesse
Geriebene Zitronenschale
1 Pck. Dr. Oetker Bourbon
Vanille Zucker

Zubereitung

1. Den Teig nach Packungsanleitung vorbereiten und auf 56 x 26 cm ausrollen. Für Nussschnecken den Teig mit Butter bestreichen.

2. Für die **Variante Nussfüllung** die Zutaten aufstreuen. Den Teig aufrollen, in 22 Scheiben schneiden und mit dem Schluss nach unten auf ein befettetes, bemehltes Backblech geben.

Für die **Variante Mohnfüllung** die Milch aufkochen. Vom Herd nehmen und die übrigen Zutaten einrühren. Die abgekühlte Füllung auf den Teig streichen. Den Teig aufrollen, in 22 Scheiben schneiden und mit dem Schluss nach unten auf befettete, bemehlte Backbleche geben.

Ein Blech in die Mitte des vorgeheizten Rohres schieben.

Ober-/Unterhitze: 190 Grad
Backzeit: ca. 18 Min.

3. Den Backvorgang mit den übrigen Schnecken wiederholen.

Tipp:
Für Schnecken mit Zuckerglasur 150 g gesiebten Puderzucker mit 2 – 3 EL Wasser zu dickflüssiger Konsistenz verrühren und die noch heißen Schnecken damit glasieren.

Kleine Topfengolatschen

   ca. 50 Min.

Zutaten für ca. 35 Stück

Germteig
600 g glattes Mehl
1 Pck. Dr. Oetker Germ
70 g Zucker
1 Pck. Dr. Oetker Vanillin Zucker
1 Pck. Dr. Oetker Finesse
Geriebene Zitronenschale
1/4 l lauwarme Milch
1 Ei (Größe M)
1 Prise Salz
100 g weiche Butter

Topfenfüllung
60 g Zucker
1 Dotter (Größe M)
20 g Speisestärke
250 g Speisetopfen (20 %)
Saft von 1 Zitrone

Zum Bestreichen
1 versprudeltes Ei
1 EL Milch

Zum Bestreuen
etwas Staubzucker

Zubereitung

1. Für den Teig das Mehl in eine Rührschüssel sieben und mit der Germ gut vermischen. Die übrigen Zutaten der Reihe nach dazugeben und mit dem Handmixer (Knethaken) zu einem Teig verkneten. Zugedeckt an einem warmen Ort so lange gehen lassen, bis der Teig doppelt so hoch ist.

2. Für die Topfenfüllung Zucker, Dotter und Stärke glatt rühren. Topfen und Zitronensaft unterrühren.

3. Den Teig nach dem Gehen auf einer bemehlten Arbeitsfläche zusammenstoßen (flach drücken und von links und rechts zur Mitte hin einschlagen) und rechteckig (36 x 81 cm) ausrollen. Den Teig in 35 Quadrate (9 x 9 cm) schneiden. Die Topfenfüllung mit einem Löffel gleichmäßig in die Mitte portionieren. Die Teigränder mit Ei bestreichen. Die 4 Ecken gegengleich über der Füllung zusammenlegen und leicht andrücken. Die Golatschen auf mit Backpapier ausgelegte Backbleche geben. Ei mit Milch versprudeln und die Golatschen damit bestreichen. Die Teigreste zu kleinen Quadraten schneiden, auf die Golatschen geben und bestreichen. Die Golatschen ca. 10 Min. gehen lassen.

Ein Blech in die Mitte des vorgeheizten Rohres schieben.

Ober-/Unterhitze: 190 Grad
Backzeit: ca. 20 Min.

4. Den Backvorgang mit den übrigen Golatschen wiederholen.

5. Die erkalteten Topfengolatschen mit Staubzucker leicht bestreuen.

Funktioniert auch mit Blätterteig aus dem Kühlregal.

Tipp:
Man kann auch einige Rosinen unter die Topfenfüllung rühren.

Super Germteig-Rezept

Apfelherzen

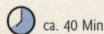 ca. 40 Min.

Zutaten für 20 Stück

Germteig
500 g glattes Mehl
1 Pck. Dr. Oetker Germ
80 g Zucker
1 Pck. Dr. Oetker Finesse
Geriebene Orangenschale
1 Ei (Größe M)
1/4 l lauwarme Milch
80 g weiche Butter

Apfel-Nuss-Füllung
40 g Zucker
Saft von 1 Zitrone
40 ml Apfelsaft
400 g geschälte, entkernte,
würfelig geschnittene Äpfel
1 Pkg. backfertige Nussfüllung
(250 g)
50 g Semmelbrösel
1 Ei (Größe M)

Zum Bestreichen
3 EL Marillenmarmelade
2 EL Orangensaft

Orangenglasur
150 g gesiebter Staubzucker
5 EL Orangensaft
1 Pck. Dr. Oetker Finesse
Geriebene Orangenschale

Zubereitung

1. Für den Teig das Mehl in eine Rührschüssel sieben und mit der Germ gut vermischen. Die übrigen Zutaten der Reihe nach dazugeben und mit dem Handmixer (Knethaken) zu einem Teig verkneten. Zugedeckt an einem warmen Ort so lange gehen lassen, bis der Teig doppelt so hoch ist.

2. Den Teig nach dem Gehen auf einer leicht bemehlten Arbeitsfläche zusammenstoßen (flach drücken und von links und rechts zur Mitte hin einschlagen) und rechteckig (38 x 45 cm) ausrollen.

3. Für die Füllung Zucker in einer beschichteten Pfanne unter Rühren hellbraun schmelzen. Zitronen- und Apfelsaft dazugeben und so lange rühren, bis sich der Karamell gelöst hat. Die Äpfel dazugeben und etwas dünsten lassen. Vom Herd nehmen und die übrigen Zutaten einrühren. Die Füllung auf dem Teig verteilen. Den Teig einrollen und in 20 Scheiben schneiden. Die Teigscheiben an der Teignaht ca. 1 cm tief einschneiden und mit dem Schnitt nach oben auf ein befettetes Backblech geben. Die Scheiben auf dem Blech zu Herzen formen und zugedeckt ca. 10 Min. gehen lassen.

Das Blech in die Mitte des vorgeheizten Rohres schieben. Nach der Hälfte der Backzeit die Hitze auf 170 Grad reduzieren.

Ober-/Unterhitze: 190 Grad
Backzeit: ca. 15 Min.

4. Marmelade mit Orangensaft aufkochen und die noch heißen Apfelherzen damit bestreichen.

5. Für die Glasur die Zutaten verrühren und auf den erkalteten Apfelherzen beliebig verteilen.

Tipp:
Bei Germteig-Stückgebäck ist es vorteilhaft, wenn das Gebäck etwas heißer angebacken wird, da so die Form besser gehalten wird. Sobald das Gebäck Farbe annimmt, wird die Hitze auf die angegebene Temperatur reduziert. Daher die Apfelherzen erst mit 190 Grad backen und dann mit 170 Grad fertig backen.

Kipferln mit Schoko, Nuss und Marille

🧁 🧁 🧁 🕐 ca. 40 Min. *Für's Frühstück* ♡

Zutaten für 42 Stück

Teig
3 Pkg. Croissant- & Plunderteig
(aus dem Kühlregal)

Vanillepudding
400 ml Milch
1 Pck. Dr. Oetker Original
Pudding Vanille-Geschmack

Schokofüllung
1/3 vom Vanillepudding
150 g gehackte Zartbitterkuvertüre
2 EL gesiebter Backkakao

Nuss-Nougat-Füllung
1/3 vom Vanillepudding
120 g klein geschnittener Dr. Oetker
Nuss Nougat

Marillenfüllung
1/3 vom Vanillepudding
100 g Marillenmarmelade

Zum Bestreichen
1 versprudeltes Ei

Zubereitung

1. Die Teige nach Packungsanleitung vorbereiten.

2. Die Teige der Länge nach durchschneiden und jeweils in 14 Dreiecke (10 x 12 cm) schneiden. Die Dreiecke an der Schmalseite mittig 2 cm tief einschneiden.

3. Für den Pudding Milch mit Puddingpulver – aber ohne Zucker – unter Rühren zu einem Pudding kochen. Den Pudding in 3 Teile teilen.

4. Variante Schokokipferln: 1/3 des heißen Puddings mit Kuvertüre und Kakao verrühren. Die Füllung am Einschnitt auf 14 Dreiecke aufteilen.

5. Nuss-Nougat-Kipferln: 1/3 des heißen Puddings mit Nuss Nougat verrühren. Die Füllung am Einschnitt auf 14 Dreiecke aufteilen.

6. Marillenkipferln: 1/3 des heißen Puddings mit Marmelade verrühren. Die Füllung am Einschnitt auf 14 Dreiecke aufteilen.

7. Die mittig eingeschnittenen Teigspitzen über der Füllung nach außen ziehen und unter leichter Spannung zu Kipferln aufrollen.
Die Rollen etwas länglich ziehen und mit dem Schluss nach unten kipferlförmig auf ein befettetes Backblech geben.

8. Die Kipferln mit Ei bestreichen.

Das Blech in die Mitte des vorgeheizten Rohres schieben.

Ober-/Unterhitze: 190 Grad
Backzeit: ca. 18 Min.

Lange haltbar.

Linzer Stangerl

 🕐 ca. 40 Min.

Zutaten für ca. 26 Stück

Linzer Spritzmasse
220 g sehr weiche Butter
100 g gesiebter Staubzucker
1 Pck. Dr. Oetker Vanillin Zucker
1 Prise Salz
1/2 Pck. Dr. Oetker Finesse
Geriebene Zitronenschale
2 Eier (Größe M)
300 g glattes Mehl
5 EL Milch

Zum Füllen
100 g passierte Ribiselmarmelade

Zum Tunken
100 g flüssige Dr. Oetker
Kuchen Glasur Kakao
50 g flüssige Vollmilchkuvertüre
(29 Grad)

Zubereitung

1. Für die Masse Butter mit Staubzucker, Vanillin Zucker, Salz und Zitronenschale mit dem Handmixer (Rührstäbe) cremig rühren. Die Eier einzeln einrühren. Das Mehl darübersieben und mit der Milch mit dem Kochlöffel zügig unterrühren.

2. Die Masse sofort in einen Spritzbeutel mit Sterntülle (12 mm Ø) füllen und Stangerl (9 cm) auf mit Backpapier ausgelegte Backbleche spritzen.

Ein Blech in die Mitte des vorgeheizten Rohres schieben.

Ober-/Unterhitze: 190 Grad
Backzeit: ca. 16 Min.

3. Den Backvorgang mit den übrigen Stangerln wiederholen.

4. Die erkalteten Stangerl mit Marmelade zusammensetzen.

5. Glasur mit Kuvertüre verrühren und die Enden der Stangerl darin tunken.

Tipps:

- Bei der Spritzmasse muss das Mehl zügig mit dem Kochlöffel (keinen Mixer verwenden) eingerührt und schnell verarbeitet werden, sonst zieht die Masse an und es wird schwieriger beim Dressieren.
- Linzer Stangerl sind in einer gut schließenden Dose an einem kühlen Ort ca. 12 Tage haltbar.

Mini-Schaumrollen

 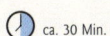 ca. 30 Min.

Zutaten für ca. 40 Stück

Blätterteig
2 Pkg. Frischer Blätterteig (à 270 g)

Zum Bestreichen
etwas Wasser

Schaum-Masse
5 EL Wasser
130 g Zucker
2 Eiklar (Größe M)
30 g Zucker

Zum Bestreuen
etwas Staubzucker

Zubereitung

1. Die Teige nach Packungsanleitung vorbereiten, der Länge nach mittig durchschneiden und in 25 x 2 cm Streifen schneiden. Auf Mini-Schaumrollenformen aufrollen und auf zwei mit Backpapier ausgelegte Backbleche geben. 10 Min. rasten lassen und mit Wasser bestreichen.

Ein Blech in die Mitte des vorgeheizten Rohres schieben.

Ober-/Unterhitze: 200 Grad
Backzeit: ca. 17 Min.

2. Den Backvorgang mit den übrigen Röllchen wiederholen.

3. Für die Schaum-Masse Wasser mit Zucker verrühren und zum Kochen bringen. Der Zucker ist nach 5 Min. fertig gekocht und hat eine sirupartige Konsistenz (Zuckerprobe siehe Tipp). Wenn das Zuckerwasser zu kochen beginnt, Eiklar mit Zucker mit dem Handmixer (Rührstäbe) aufschlagen. Unter langsamem Rühren die kochend heiße Zuckerlösung langsam einlaufen lassen. Das Ganze zu pastenähnlicher Konsistenz rühren, bis die Masse lauwarm ist. Die warme Schaum-Masse in einen Spritzbeutel mit glatter Tülle geben und die Röllchen von der größeren Öffnung aus damit füllen.

Tipps:

- Noch schneller und einfacher kann die Füllung mit der Dr. Oetker Schaumrollen-Füllung zubereitet werden.
- Für die Zuckerprobe kann man eine Drahtschleife aus Blumendraht formen, in die Zuckerlösung tauchen und in Richtung Kochtopf blasen, wie bei Seifenblasen. Es entsteht eine Bläschenkette (Kettenflug).
- Die Schaumrollen kann man vor dem Backen auch mit versprudeltem Ei bestreichen.
- Die Röllchen lassen sich am besten 2-3 Min. nach dem Backen von den Formen lösen. Am breiten Ende anfassen und mit einer leichten Drehung herausziehen.
- Schaumrollen nicht im Kühlschrank aufbewahren. Ungekühlt sind sie zirka 2 Tage haltbar.

Schweinsohren

 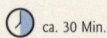 ca. 30 Min.

Zutaten für ca. 19 Stück

Blätterteig
1 Pkg. Frischer Blätterteig (270 g)

Zum Aufstreuen
100 g Normalkristallzucker

Zubereitung

1. Den Teig nach Packungsanleitung vorbereiten.

Die Hälfte des Zuckers gleichmäßig auf den Teig streuen und mit einem Rollholz leicht darüberrollen, damit der Zucker anhaftet.

Die beiden kurzen Seiten des Teiges zur Mitte hin mit 1 cm Abstand zwischen den Teigkanten falten. Den Teig mit der Hälfte des übrigen Zuckers bestreuen und mit dem Rollholz wieder leicht darüberrollen. Den Teig nochmals zur Mitte hin mit 1 cm Abstand zwischen den Teigkanten falten, den restlichen Zucker darauf streuen, mit dem Teigroller festrollen und den Teig falten.

Den Teig in 1 cm breite Streifen schneiden. Die Teigstreifen mit der offenen Seite und mit genügend Abstand auf mit Backpapier ausgelegte Backbleche geben. Die Enden leicht nach außen biegen.

Ein Blech in die Mitte des vorgeheizten Rohres schieben.
Ober-/Unterhitze: 190 Grad
Backzeit: ca. 10 Min.

2. Das Blech aus dem Rohr nehmen und die Schweinsohren mithilfe eines Messers wenden. Das Blech zurück ins Rohr schieben und bei gleicher Herdeinstellung 6 Min. fertig backen.

3. Den Backvorgang mit den übrigen Schweinsohren wiederholen.

Tipp:
Schweinsohren werden gewendet, damit der anhaftende Zucker gleichmäßig karamellisiert und die Gebäckstücke eine gleichmäßige Farbe bekommen.

Schon gewusst?
Schweinsohren sind auch als Palmiers oder Palmblätter bekannt.

Nuss-Stangerl

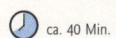 ca. 40 Min.

Zutaten für ca. 44 Stück

Germteig
450 g glattes Mehl
1 Pck. Dr. Oetker Germ
90 g Zucker
1 Pck. Dr. Oetker Vanillin Zucker
1/2 Pck. Dr. Oetker Finesse Geriebene Zitronenschale
2 Dotter (Größe M)
200 ml lauwarme Milch
1 Prise Salz
120 g weiche Butter

Zum Bestreichen
1 Dotter
2 EL Milch

Nussfüllung
50 g flüssige Butter
150 g geriebene Haselnüsse
70 g Zucker
1 Pck. Dr. Oetker Vanillin Zucker
1 Ei (Größe M)
1 KL Zimt
4 EL Milch
50 g Rosinen

Zuckerguss
100 g gesiebter Puderzucker
2 EL Rum

Zubereitung

1. Für den Teig das Mehl in eine Rührschüssel sieben und mit der Germ gut vermischen. Die übrigen Zutaten der Reihe nach dazugeben und mit dem Handmixer (Knethaken) zu einem Teig verkneten. Zugedeckt an einem warmen Ort so lange gehen lassen, bis der Teig doppelt so hoch ist.

2. Den Teig nach dem Gehen auf einer bemehlten Arbeitsfläche zusammenstoßen (flach drücken und von links und rechts zur Mitte hin einschlagen), halbieren und jeweils rechteckig (ca. 15 x 50 cm) ausrollen.

3. Für die Füllung die Zutaten zu streichfähiger Konsistenz verrühren. Zieht die Füllung zu viel an, noch etwas Milch unterrühren. Die Hälfte der Füllung jeweils mittig auf die Teige streichen; dabei einen Rand von ca. 5 cm frei lassen. Die obere und untere Seite über die Füllung klappen. Die Teige jeweils in 22 Stücke schneiden. Die Teigstücke verdrehen und auf mit Backpapier ausgelegte Backbleche geben.

4. Dotter mit Milch versprudeln und die Nuss-Stangerl damit bestreichen. Die Nuss-Stangerl ca. 10 Min. gehen lassen.

Ein Blech in die Mitte des vorgeheizten Rohres schieben.

Ober-/Unterhitze: 190 Grad
Backzeit: ca. 20 Min.

5. Den Backvorgang mit den übrigen Nuss-Stangerl wiederholen.

6. Für den Guss Puderzucker mit Rum glatt rühren und die noch heißen Nuss-Stangerl damit bestreichen.

Tipps:
- Das übrige Eiklar tiefkühlen. Nach dem Auftauen lässt es sich problemlos verarbeiten, z. B. für Baiser oder Schaumrollenfüllung (S. 27).
- Für Mohnstangerl 1 Pkg. backfertige Mohnfüllung nehmen.

Saftige Apfel-Küchlein

 ⏰ ca. 40 Min.

Zutaten für 12 Stück

Fruchteinlage
2 EL Zucker
abgeriebene Schale von 1 Zitrone
2 EL Zitronensaft
3 kleine, geschälte, entkernte,
in Spalten geschnittene Äpfel

Sandmasse
125 g weiche Butter
125 g Zucker
1 Pck. Dr. Oetker Vanillin Zucker
1 Prise Salz
Schale von 1 Zitrone
2 EL Zitronensaft
2 Eier (Größe M)
150 g glattes Mehl
1 gestrichener KL Dr. Oetker
Backpulver
50 ml flüssiges Schlagobers

Zum Bestreuen
etwas Staubzucker

Zubereitung

1. Für die Einlage Zucker mit Zitronenschale und -saft verrühren, die Apfelspalten darin wenden und zugedeckt ca. 15 Min. ziehen lassen.

2. Für die Masse Butter mit Zucker, Vanillin Zucker, Salz, Zitronenschale und -saft mit dem Handmixer (Rührstäbe) cremig aufschlagen. Die Eier einzeln einrühren. Mehl mit Backpulver vermischen, darübersieben und mit Schlagobers mit dem Kochlöffel unterrühren.

Die Masse mithilfe von 2 Esslöffeln in eine mit Papierförmchen ausgelegte Muffinform füllen. Die Apfelspalten auf die Masse geben.

Die Form auf dem Rost in die Mitte des vorgeheizten Rohres schieben.

Ober-/Unterhitze: 180 Grad
Backzeit: ca. 25 Min.

3. Die Apfel-Küchlein vor dem Servieren mit Staubzucker bestreuen.

Topfenbällchen

 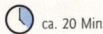 ca. 20 Min.

Zutaten für 45 Stück

Topfenteig
250 g glattes Mehl
1 gestrichener KL Dr. Oetker Backpulver
250 g Speisetopfen (20 %)
etwas Salz
1 Pck. Dr. Oetker Vanillin Zucker
1 Pck. Dr. Oetker Finesse Geriebene Zitronenschale
2 Eier (Größe M)

Zum Ausbacken
1 l Speiseöl

Zum Wälzen
100 g Zucker
2 KL Zimt

Himbeer-Fruchtsoße
120 g Himbeermark
70 g gesiebter Staubzucker
1/2 Pck. Dr. Oetker Finesse Geriebene Orangenschale

Zubereitung

1. Für den Teig Mehl mit Backpulver vermischen und in eine Rührschüssel sieben. Die übrigen Zutaten der Reihe nach dazugeben und mit dem Handmixer (Knethaken) kurz zu einem Teig verkneten. Den Teig zu einem Strang formen, in 45 Stücke schneiden und mit den Händen zu Bällchen formen.

2. Das Öl auf ca. 170 Grad erhitzen.

3. Die Topfenbällchen ins heiße Fett geben und goldbraun frittieren; dabei mit dem Schaumlöffel bewegen. Mit dem Schaumlöffel aus dem Fett heben und auf einem Kuchengitter, mit Küchenpapier belegt, abtropfen lassen. Den Vorgang mit den übrigen Topfenbällchen wiederholen.

4. Zucker mit Zimt vermischen und die heißen Bällchen darin wälzen.

5. Für die Soße Himbeermark mit Staubzucker und Orangenschale ein Mal aufkochen und zu den warmen Topfenbällchen servieren.

Schnelle Topfenbällchen mit Apfel

Lieblingsrezept – extra saftig

🧁 🧁 🧁 🕐 ca. 20 Min.

Zutaten für 20 Stück

Masse
250 g Speisetopfen (20 %)
90 ml Speiseöl
1 Dr. Oetker Vanilleschote
100 g Zucker
300 g glattes Mehl
1 Pck. Dr. Oetker Backpulver
440 g geschälte, entkernte, würfelig geschnittene Äpfel

Zum Wälzen
150 g Zucker
1 KL Zimt

Zubereitung

1. Für die Masse Topfen mit Öl, Mark der aufgeschnittenen Vanilleschote und Zucker verrühren. Mehl mit Backpulver vermischen, darübersieben und kurz unterkneten. Die Apfelstücke unterkneten.

2. Von der Masse mithilfe eines Löffels 20 gleiche Portionen abstechen, mit genügend Abstand auf ein mit Backpapier ausgelegtes Backblech geben und etwas flach drücken.

Das Blech in die Mitte des vorgeheizten Rohres schieben.

Ober-/Unterhitze: 180 Grad
Backzeit: ca. 20 Min.

3. Zucker mit Zimt vermischen und die noch heißen Apfelbällchen darin wälzen.

Beliebte Muffin-Rezepte

Zitronen-Muffins

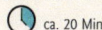 ca. 20 Min.

Zutaten für 12 Stück

Sandmasse

200 g weiche Butter
150 g Zucker
1 Pck. Dr. Oetker Vanillin Zucker
1 Prise Salz
abgeriebene Schale von 1 Zitrone
Saft von 1 Zitrone
4 Eier (Größe M)
300 g glattes Mehl
2 gestrichene KL Dr. Oetker
Backpulver
2 EL Milch

Zum Glasieren

150 g gesiebter Puderzucker
3 EL Zitronensaft
1 KL Dr. Oetker Finesse
Geriebene Zitronenschale

Zum Dekorieren

einige Dr. Oetker Feine Dekorblüten

Zubereitung

1. Für die Masse Butter mit Zucker, Vanillin Zucker, Salz, Zitronenschale und -saft mit dem Handmixer (Rührstäbe) cremig aufschlagen. Die Eier einzeln einrühren. Mehl mit Backpulver vermischen, darübersieben und mit der Milch mit dem Kochlöffel unterheben.

Die Masse mithilfe von 2 Esslöffeln in eine mit Papierförmchen ausgelegte Muffinform füllen.

Die Form auf dem Rost in die untere Hälfte des vorgeheizten Rohres schieben.

Ober-/Unterhitze: 180 Grad
Backzeit: ca. 29 Min.

2. Für die Glasur Puderzucker mit Zitronensaft und -schale glatt rühren und die noch heißen Muffins damit bestreichen.

3. Vor dem Anziehen der Glasur mit Dekorblüten dekorieren.

Heidelbeer- oder Himbeer-Muffins

  ca. 20 Min.

Zutaten für 12 Stück

Sandmasse
220 g glattes Mehl
2 gestrichene KL Dr. Oetker Backpulver
1/2 gestrichener KL Dr. Oetker Natron
140 g Zucker
1 Pck. Dr. Oetker Vanillin Zucker
1 Prise Salz
2 Eier (Größe M)
100 ml Speiseöl
150 g Crème fraîche

Zum Unterrühren und Bestreuen
250 g Heidelbeeren oder Himbeeren

Zum Bestreuen
etwas Staubzucker

Zubereitung

1. Für die Masse Mehl mit Backpulver vermischen und in eine Rührschüssel sieben. Die übrigen Zutaten der Reihe nach dazugeben und mit der Schneerute glatt rühren.

2. Von den Heidelbeeren oder Himbeeren ca. 200 g mit dem Kochlöffel zügig unterheben.

Die Masse mithilfe von 2 Esslöffeln in eine mit Papierförmchen ausgelegte Muffinform füllen. Die übrigen Heidelbeeren oder Himbeeren aufstreuen.

Die Form auf dem Rost in die Mitte des vorgeheizten Rohres schieben.

Ober-/Unterhitze: 180 Grad
Backzeit: ca. 30 Min.

3. Die erkalteten Muffins mit Staubzucker leicht bestreuen.

!Funktioniert auch mit gefrorenen Beeren!

Karotten-Muffins

Extra saftig!

 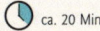 ca. 20 Min.

Zutaten für 12 Stück

Sandmasse
180 g weiche Butter
80 g Zucker
1 Pck. Dr. Oetker Bourbon
Vanille Zucker
1 Pck. Dr. Oetker Finesse
Geriebene Orangenschale
1 Prise Salz
3 Eier (Größe M)
200 g Dinkelmehl
1 gestrichener KL Dr. Oetker
Backpulver
110 g geraspelte Karotten
Saft von 1 Orange

Zuckerguss
150 g gesiebter Staubzucker
2 EL Milch

Zum Dekorieren
1 Pkg. Dr. Oetker Marzipan Rübli

Zubereitung

1. Für die Masse Butter mit Zucker, Vanille Zucker, Orangen-schale und Salz mit dem Handmixer (Rührstäbe) cremig aufschlagen. Die Eier einzeln einrühren. Mehl mit Backpulver vermischen, zur Buttermasse geben und mit Karotten und Orangensaft mit dem Kochlöffel einrühren.

Die Masse mithilfe von 2 Esslöffeln in eine mit Papierförmchen ausgelegte Muffinform füllen.

Die Form auf dem Rost in die untere Hälfte des vorgeheizten Rohres schieben.

Ober-/Unterhitze: 180 Grad
Backzeit: ca. 30 Min.

2. Für den Guss Staubzucker mit Milch zu dickflüssiger Konsistenz verrühren. Den Guss auf den noch heißen Muffins verteilen und vor dem Anziehen mit Marzipan Rübli verzieren.

Schoko-Bananen-Muffins

🧁 🧁 🧁 🕐 ca. 20 Min.

Zutaten für 12 Stück

Sandmasse

80 g weiche Butter
1 grob zerdrückte Banane
80 g Zucker
1 Pck. Dr. Oetker Bourbon Vanille Zucker
1/2 Pck. Dr. Oetker Finesse Geriebene Orangenschale
1 Prise Salz
120 g erweichte Kochschokolade
2 Eier (Größe M)
180 g glattes Mehl
2 gestrichene KL Dr. Oetker Backpulver
1 grob würfelig geschnittene Banane

Zum Glasieren und Dekorieren

120 g flüssige Dr. Oetker Kuchen Glasur Kakao
einige Bananenchips

Zubereitung

1. Für die Masse Butter mit Banane, Zucker, Vanille Zucker, Orangenschale, Salz und Kochschokolade mit dem Handmixer (Rührstäbe) cremig aufschlagen. Die Eier einzeln einrühren. Mehl mit Backpulver vermischen, darübersieben und mit dem Kochlöffel unterheben. Die Bananenstücke kurz einrühren.

Die Masse mithilfe von 2 Esslöffeln in eine mit Papierförmchen ausgelegte Muffinform füllen.

Die Form auf dem Rost in die untere Hälfte des vorgeheizten Rohres schieben.

Ober-/Unterhitze: 180 Grad
Backzeit: ca. 25 Min.

2. Die erkalteten Muffins kopfüber in die Glasur tauchen und vor dem Anziehen mit Bananenchips dekorieren.

Super zur Bananen-Verwertung

46

Vegane Apfel-Muffins mit Streuseln

  ca. 20 Min.

Zutaten für 12 Stück

Streusel
60 g vegane Margarine
50 g kernige Haferflocken
50 g gesiebtes glattes Mehl
60 g Rohrzucker

All-in-Sandmasse
300 g glattes Mehl
1 Pck. Dr. Oetker Backpulver
1 KL Zimt
125 g Rohrzucker
1/8 l Speiseöl
1/4 l Sojadrink, ungesüßt

Zum Unterrühren
150 g geschälte, entkernte, klein geschnittene Äpfel

Zubereitung

1. Für die Streusel die Zutaten der Reihe nach auf eine Arbeitsfläche geben und mit den Händen verreiben.

2. Für die Masse Mehl mit Backpulver vermischen und in eine Rührschüssel sieben. Die übrigen Zutaten der Reihe nach dazugeben und mit dem Handmixer (Rührstäbe) zu einer glatten Masse verrühren.

3. Die Apfelstücke kurz unterrühren.

Die Masse mithilfe von 2 Esslöffeln in eine mit Papierförmchen ausgelegte Muffinform füllen. Die Streusel darauf verteilen.

Die Form auf dem Rost in die Mitte des vorgeheizten Rohres schieben.

Ober-/Unterhitze: 180 Grad
Backzeit: ca. 35 Min.

Muffins mit Schokostückchen

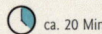 ca. 20 Min.

Zutaten für 12 Stück

All-in-Sandmasse
200 g glattes Mehl
I gestrichener KL Dr. Oetker Backpulver
120 ml Speiseöl
60 g Zucker
I Pck. Dr. Oetker Vanillin Zucker
3 Eier (Größe M)
90 g Zucker
1/8 l Milch

Zum Unterrühren
75 g Dr. Oetker Schoko Tröpfchen

Zubereitung

1. Für die Masse Mehl mit Backpulver vermischen und in eine Rührschüssel sieben. Die übrigen Zutaten der Reihe nach dazugeben und mit dem Handmixer (Rührstäbe) glatt rühren.

2. Die Schoko Tröpfchen mit dem Kochlöffel kurz unterrühren.

Die Masse mithilfe von 2 Esslöffeln in eine mit Papierförmchen ausgelegte Muffinform füllen.

Die Form auf dem Rost in die untere Hälfte des vorgeheizten Rohres schieben.

Ober-/Unterhitze: 180 Grad
Backzeit: ca. 20 Min.

Tipp:
Für Schoko-Muffins 20 g gesiebten Backkakao zum Mehl in die Masse geben. Die erkalteten Muffins mit 100 g flüssiger Dr. Oetker Kuchen Glasur Kakao glasieren und vor dem Anziehen der Glasur mit Dr. Oetker Schoko Blättchen bestreuen.

Ausprobieren!

Marmor-Muffins

 🕐 ca. 20 Min.

Zutaten für 12 Stück

Sandmasse
160 g glattes Mehl
2 gestrichene KL Dr. Oetker Backpulver
120 g weiche Butter
80 g gesiebter Staubzucker
1 Pck. Dr. Oetker Vanillin Zucker
1 Prise Salz
3 Eier (Größe M)
125 g Vanillejoghurt

Zum Unterrühren
3 EL Speiseöl
2 EL gesiebter Backkakao

Zubereitung

1. Für die Masse Mehl mit Backpulver vermischen und in eine Rührschüssel sieben. Die übrigen Zutaten der Reihe nach dazugeben und mit dem Handmixer (Rührstäbe) zu einer glatten Masse verrühren.

Die Hälfte der Masse mithilfe von 2 Esslöffeln in eine mit Papierförmchen ausgelegte Muffinform füllen.

2. Die übrige Masse mit Öl und Kakao verrühren und auf die helle Masse geben. Mit einer Gabel spiralförmig durchziehen, sodass ein Marmormuster entsteht.

Die Form auf dem Rost in die untere Hälfte des vorgeheizten Rohres schieben.

Ober-/Unterhitze: 180 Grad
Backzeit: ca. 25 Min.

Sooo schokoladig!

Nutella®-Muffins

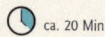 ca. 20 Min.

Zutaten für 12 Stück

Sandmasse
100 g Nutella®
60 g weiche Butter
80 g Zucker
1 Pck. Dr. Oetker Bourbon
Vanille Zucker
1 Prise Salz
2 Eier (Größe M)
250 g glattes Mehl
1 gestrichener KL Dr. Oetker
Backpulver
3–4 EL Milch

Füllung
40 g Nutella®

Zum Glasieren
100 g flüssige Dr. Oetker
Kuchen Glasur Kakao
100 g Nutella®

Zubereitung

1. Für die Masse Nutella® mit Butter, Zucker, Vanille Zucker und Salz mit dem Handmixer (Rührstäbe) cremig aufschlagen. Die Eier einzeln einrühren. Mehl mit Backpulver vermischen, darübersieben und mit der Milch mit dem Kochlöffel unterheben.

Die Masse mithilfe von 2 Esslöffeln in eine mit Papierförmchen ausgelegte Muffinform füllen.

2. Für die Füllung Nutella® in ein Spritztütchen füllen, ca. 2 cm tief in die Masse stechen und einen Nutella®-Kern einspritzen.

Die Form auf dem Rost in die Mitte des vorgeheizten Rohres schieben.

Ober-/Unterhitze: 190 Grad
Backzeit: ca. 23 Min.

3. Glasur mit Nutella® verrühren und die Muffins damit glasieren.

Eierlikör-Muffins

 ca. 20 Min.

Zutaten für 12 Stück

Sandmasse
125 g weiche Butter
150 g Zucker
1 Pck. Dr. Oetker Vanillin Zucker
3 Eier (Größe M)
150 g glattes Mehl
1 gestrichener KL Dr. Oetker Backpulver
200 ml Eierlikör

Zum Unterrühren
75 g Dr. Oetker Schoko Tröpfchen

Zum Glasieren
100 g gesiebter Puderzucker
3 EL Eierlikör

Zum Dekorieren
einige Dr. Oetker Feine Marzipan Blüten

Zubereitung

1. Für die Masse Butter mit Zucker und Vanillin Zucker mit dem Handmixer (Rührstäbe) cremig aufschlagen. Die Eier einzeln einrühren. Mehl mit Backpulver vermischen, darübersieben und mit Eierlikör mit dem Kochlöffel einrühren.

2. Die Schoko Tröpfchen kurz unterrühren.

Die Masse mithilfe von 2 Esslöffeln in eine mit Papierförmchen ausgelegte Muffinform füllen.

Die Form auf dem Rost in die untere Hälfte des vorgeheizten Rohres schieben.

Ober-/Unterhitze: 180 Grad
Backzeit: ca. 28 Min.

3. Für die Glasur Puderzucker mit Eierlikör glatt rühren und die noch heißen Muffins damit bestreichen.

4. Vor dem Anziehen der Glasur mit Marzipanblüten dekorieren.

Gute Idee!
Mal was anderes.

Soufflierte Muffins

  ca. 20 Min.

Zutaten für 12 Stück

Vollkorn-Streusel
110 g Weizenvollkornmehl
50 g Zucker
50 g kalte Butter
1/2 Pck. Dr. Oetker Bourbon
Vanille Zucker
1 Prise Salz

Topfenmasse
150 g Vollkornknödelbrot
(oder würfelig geschnittener
Vollkorntoast getrocknet)
1/4 l Milch
50 g weiche Butter
50 g gesiebter Staubzucker
1 Pck. Dr. Oetker Vanillin Zucker
1/2 Pck. Dr. Oetker Finesse
Geriebene Zitronenschale
1 Prise Salz
3 Dotter (Größe M)
250 g Speisetopfen (20 %)
3 Eiklar (Größe M)
50 g Zucker

Zum Bestreuen
etwas Staubzucker

Zubereitung

1. Für die Streusel das Mehl auf eine Arbeitsfläche geben. Die übrigen Zutaten der Reihe nach dazugeben und mit den Händen verreiben. Die Streusel auf eine befettete Muffinform aufteilen und mit den Fingern am Formrand hochdrücken.

2. Für die Topfenmasse das Knödelbrot mit Milch verrühren. Butter mit Staubzucker, Vanillin Zucker, Zitronenschale und Salz in eine Rührschüssel geben und mit dem Handmixer (Rührstäbe) cremig aufschlagen. Die Dotter einzeln einrühren. Den Topfen unterrühren. Eiklar mit Zucker steif schlagen und mit dem Kochlöffel unterheben. Das vorbereitete Knödelbrot kurz einrühren.

Die Masse mithilfe von 2 Esslöffeln in die Muffinform füllen.

Die Form auf dem Rost in die Mitte des vorgeheizten Rohres schieben.

Ober-/Unterhitze: 180 Grad
Backzeit: ca. 25 Min.

3. Die erkalteten Muffins mit Staubzucker leicht bestreuen.

Erdnuss-Toffee-Muffins

 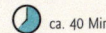 ca. 40 Min.

Zutaten für 12 Stück

All-in-Sandmasse

190 g glattes Mehl
1 gestrichener KL Dr. Oetker Backpulver
140 g Zucker
1 Pck. Dr. Oetker Bourbon Vanille Zucker
1 Prise Salz
3 Eier (Größe M)
100 g flüssige Zartbitterkuvertüre
80 g flüssige Butter
60 ml Milch

Zum Unterrühren

80 g gehackte, ungesalzene Erdnüsse
60 g klein geschnittene Weichkaramellen

Zum Glasieren

1/8 l flüssiges Schlagobers
3 klein geschnittene Weichkaramellen
80 g flüssige Vollmilchkuvertüre

Zum Belegen

einige geschälte Erdnüsse

Zubereitung

1. Für die Masse Mehl mit Backpulver vermischen und in eine Rührschüssel sieben. Die übrigen Zutaten der Reihe nach dazugeben und mit dem Handmixer (Rührstäbe) glatt rühren.

2. Erdnüsse und Weichkaramellen unterrühren.

Die Masse mithilfe von 2 Esslöffeln in eine mit Papierförmchen ausgelegte Muffinform füllen.

Die Form auf dem Rost in die Mitte des vorgeheizten Rohres schieben.

**Ober-/Unterhitze: 180 Grad
Backzeit: ca. 25 Min.**

3. Für die Glasur Schlagobers aufkochen, die Weichkaramellen dazugeben und unter Rühren darin schmelzen. Vom Herd nehmen, etwas abkühlen lassen und die Kuvertüre einrühren. Die Glasur mit einem Löffel auf den erkalteten Muffins verteilen. Vor dem Anziehen der Glasur mit Erdnüssen belegen.

Herz-Muffins mit Ruby-Buttercreme

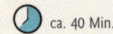 ca. 40 Min.

Zutaten für 12 Stück

All-in-Sandmasse

100 ml Speiseöl
150 g Zucker
1 Pck. Dr. Oetker Bourbon
Vanille Zucker
1/2 Pck. Dr. Oetker Finesse
Geriebene Orangenschale
1 Prise Salz
3 Eier (Größe M)
170 g Dinkelmehl
50 g Schokospäne
1 gehäufter EL gesiebter Backkakao
125 g Naturjoghurt

Ruby-Buttercreme

70 g weiche Butter
50 g gesiebter Staubzucker
100 g Dr. Oetker Ruby
Couverture Drops

Zubereitung

1. Für die Masse die Zutaten der Reihe nach in eine Rührschüssel geben und mit dem Handmixer (Rührstäbe) glatt rühren.

Die Masse mithilfe von 2 Esslöffeln in eine mit Papierförmchen ausgelegte Muffinform füllen.

Die Form auf dem Rost in die untere Hälfte des vorgeheizten Rohres schieben.

Ober-/Unterhitze: 190 Grad
Backzeit: ca. 23 Min.

2. Einen Herzausstecher (3 cm Ø) etwas in die Oberfläche der Muffins drücken, damit die Konturen sichtbar sind.

3. Für die Creme Butter mit Staubzucker mit dem Handmixer (Rührstäbe) hell cremig aufschlagen. Die Drops nach Packungsanleitung schmelzen und mit der Schneerute zügig unterrühren. Die Creme in einen Spritzbeutel mit Lochtülle (ca. 6 mm Ø) geben und Herzen auf die mit dem Ausstecher markierten Flächen der Muffins spritzen.

Schon gewusst?

Ruby-Kuvertüre wird aus der Ruby-Kakaobohne hergestellt, die rosa ist und eine fruchtige Note hat – ganz ohne Aromen und Farbstoffe.

Vielseitige Cupcakes

Oreo®-Cupcakes

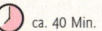 ca. 40 Min.

Super Idee ♡

Zutaten für 12 Stück

Sandmasse
2 Eier (Größe M)
50 g Zucker
I Prise Salz
180 g glattes Mehl
2 gestrichene KL Dr. Oetker Backpulver
2 EL Backkakao
1/8 l Speiseöl
1/8 l Milch
80 g flüssige Zartbitterkuvertüre
12 Oreo®-Kekse

Topping
17 Oreo®-Kekse
1/4 l flüssiges Schlagobers
I Pck. Dr. Oetker Sahnesteif
I Pck. Dr. Oetker Vanillin Zucker

Zubereitung

1. Für die Masse Eier mit Zucker und Salz mit dem Handmixer (Rührstäbe) schaumig aufschlagen. Mehl mit Backpulver und Kakao vermischen, darübersieben und mit Öl und Milch abwechselnd mit dem Kochlöffel unterrühren. Die Kuvertüre kurz unterrühren.

Jeweils 1 Esslöffel der Masse in eine mit Papierförmchen ausgelegte Muffinform füllen und jeweils einen Oreo®-Keks leicht in die Masse drücken. Die übrige Masse auf die Muffinform aufteilen.

Die Form auf dem Rost in die Mitte des vorgeheizten Rohres schieben.

Ober-/Unterhitze: 180 Grad
Backzeit: ca. 25 Min.

2. Für das Topping fünf Kekse klein zerbröseln. Schlagobers mit Sahnesteif und Vanillin Zucker mit dem Handmixer (Rührstäbe) steif schlagen. Die Keksbrösel unterheben. Das Topping in einen Spritzbeutel mit glatter Tülle füllen und auf die Muffins spritzen. Jeweils einen Keks in das Topping stecken. Die Cupcakes bis zum Servieren kalt stellen.

Schoko-Cupcakes

🧁 🧁 🧁   🕐 ca. 40 Min.

Zutaten für 12 Stück

Schoko-Sandmasse
200 g glattes Mehl
2 gestrichene KL Dr. Oetker Backpulver
1 EL Speisestärke
3 EL Backkakao
100 g weiche Butter
200 g flüssige Vollmilchkuvertüre
150 ml Milch
2 Eier (Größe M)
150 g Crème fraîche
100 g Zucker
1 Prise Salz

Topping
1/2 l flüssiges Schlagobers
170 g gehackte Vollmilchkuvertüre

Zum Glasieren und Bestreuen
180 g flüssige Dr. Oetker Kuchen Glasur Kakao
einige Dr. Oetker Schoko Blättchen

Zubereitung

1. Für die Masse Mehl mit Backpulver und Stärke vermischen und mit Kakao in eine Rührschüssel sieben. Die Butter mit 30 g der Kuvertüre verrühren, mit den übrigen Zutaten dazugeben und mit einer Schneerute zu einer glatten Masse verrühren.

Die Masse mithilfe von 2 Esslöffeln in eine mit Papierförmchen ausgelegte Muffinform füllen.

Die Form auf dem Rost in die Mitte des vorgeheizten Rohres schieben.

Ober-/Unterhitze: 180 Grad
Backzeit: ca. 30 Min.

2. Für das Topping das Schlagobers aufkochen. Vom Herd nehmen, die Kuvertüre unter Rühren darin schmelzen und mit dem Mixstab ca. 2 Min. mixen. Das Schoko-Obers mind. 24 Std. kalt stellen.

Das Schoko-Obers mit dem Handmixer (Schneebesen) wie Schlagobers aufschlagen, in einen Spritzbeutel mit Lochtülle (13 mm Ø) füllen und auf die Muffins spritzen. Die Cupcakes kalt stellen, bis die Creme angezogen ist.

Die Cupcakes kopfüber in die Glasur tauchen und vor dem Anziehen mit Schoko Blättchen bestreuen.

Tipp:
Die Schoko-Cupcakes schmecken auch wunderbar ohne Glasur.

Schoko-Bon®-Cupcakes

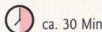 ca. 30 Min.

Zutaten für 12 Stück

Weiße Schoko-Frischkäse-Creme
50 g flüssiges Schlagobers
200 g gehackte weiße Kuvertüre
200 g Frischkäse

Sandmasse
200 g glattes Mehl
2 gestrichene KL Dr. Oetker Backpulver
100 g Zucker
1 Pck. Dr. Oetker Vanillin Zucker
5 EL Milch
1 Prise Salz
150 g weiche Butter
3 Eier (Größe M)

Zum Unterrühren
24 geviertelte kinder Schoko-Bons®

Zum Dekorieren
36 kinder Schoko-Bons®
4 klein geschnittene kinder Schoko-Bons®

Zubereitung

1. Für die Creme Schlagobers aufkochen. Vom Herd nehmen, die Kuvertüre unter Rühren darin schmelzen, bis sie sich gelöst hat und über Nacht kalt stellen.

2. Für die Masse Mehl mit Backpulver vermischen und in eine Rührschüssel sieben. Die übrigen Zutaten der Reihe nach dazugeben und mit dem Handmixer (Rührstäbe) zu einer glatten Masse verrühren. Die gevierteilten Schoko-Bons® mit dem Kochlöffel kurz unterrühren.

Die Masse mithilfe von 2 Esslöffeln in eine mit Papierförmchen ausgelegte Muffinform füllen.

Die Form auf dem Rost in die Mitte des vorgeheizten Rohres schieben.

Ober-/Unterhitze: 180 Grad
Backzeit: ca. 25 Min.

3. Das Schoko-Obers mit Frischkäse mit dem Handmixer (Rührstäbe) so lange aufschlagen, bis die Creme fest ist. Die Creme in einen Spritzbeutel mit Sterntülle (12 mm Ø) füllen und auf die Muffins spritzen. Je 3 Schoko-Bons® in die Mitte der aufgespritzten Creme geben. Die Cupcakes mit den klein geschnittenen Schoko-Bons® bestreuen.

Vegane Kaffee-Schoko-Cupcakes

 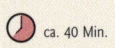 ca. 40 Min.

Zutaten für 12 Stück

All-in-Sandmasse
250 g glattes Mehl
1 Pck. Dr. Oetker Backpulver
2 EL Backkakao
150 g Rohrzucker
1/8 l Speiseöl
1/8 l Sojadrink, ungesüßt
2 Pck. Instant-Espressopulver, ungesüßt

Topping
300 g Seidentofu
2 EL gesiebter Staubzucker
2 Pck. Dr. Oetker Sahnesteif
100 g flüssige vegane Zartbitterkuvertüre

Zum Dekorieren
einige Beeren nach Wahl

Zubereitung

1. Für die Masse Mehl mit Backpulver und Kakao vermischen und in eine Rührschüssel sieben. Die übrigen Zutaten der Reihe nach dazugeben und mit dem Handmixer (Rührstäbe) zu einer glatten Masse verrühren.

Die Masse mithilfe von 2 Esslöffeln in eine mit Papierförmchen ausgelegte Muffinform füllen.

Die Form auf dem Rost in die Mitte des vorgeheizten Rohres schieben.

Ober-/Unterhitze: 180 Grad
Backzeit: ca. 30 Min.

2. Für das Topping Seidentofu mit Staubzucker und Sahnesteif mit dem Handmixer (Rührstäbe) glatt rühren. Die Kuvertüre dazugeben und einrühren. Das Topping in einen Spritzbeutel mit Sterntülle (12 mm Ø) füllen und auf die Muffins spritzen. Die Cupcakes kalt stellen und vor dem Servieren mit Beeren dekorieren.

Vegane Schoko-Erdnuss-Cupcakes

 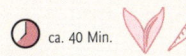 ca. 40 Min.

Zutaten für 12 Stück

All-in-Sandmasse

220 g glattes Mehl
1 Pck. Dr. Oetker Backpulver
2 EL Backkakao
150 g Rohrzucker
1/4 l Sojadrink, ungesüßt
2 EL Erdnusscreme

Zum Unterrühren

70 g gehackte, geröstete,
ungesalzene Erdnüsse

Topping

100 g Erdnusscreme
300 g Dr. Oetker Creme VEGA
(2 Becher)
80 g gesiebter Staubzucker
3 Pck. Dr. Oetker Sahnesteif
2 EL gesiebter Backkakao
2 EL Sojadrink

Zum Bestreuen

1 EL gehackte, geröstete,
ungesalzene Erdnüsse

Zubereitung

1. Für die Masse Mehl mit Backpulver und Kakao vermischen und in eine Rührschüssel sieben. Rohrzucker, Sojadrink und Erdnusscreme dazugeben und mit dem Handmixer (Rührstäbe) glatt rühren.

2. Die Erdnüsse kurz einrühren.

Die Masse mithilfe von 2 Esslöffeln in eine mit Papierförmchen ausgelegte Muffinform füllen.

Die Form auf dem Rost in die Mitte des vorgeheizten Rohres schieben.

Ober-/Unterhitze: 180 Grad
Backzeit: ca. 25 Min.

3. Für das Topping Erdnusscreme mit Creme VEGA, Staubzucker und Sahnesteif mit dem Schneebesen glatt rühren. Die Hälfte der Creme in einen kleinen Einweg-Spritzbeutel füllen. Die übrige Creme mit Kakao und Sojadrink verrühren und in einen kleinen Einweg-Spritzbeutel füllen. Von beiden Spritzbeuteln die Spitze abschneiden und in einen großen Einweg-Spritzbeutel mit Sterntülle (12 mm Ø) geben. Das Topping auf die Muffins spritzen.

4. Die Cupcakes mit den gehackten Erdnüssen bestreuen.

Lieblingsrezept!
♡

Karamell-Cupcakes

🧁 🧁 🧁   🕐 ca. 40 Min.

Zutaten für 12 Stück

All-in-Masse
180 g glattes Mehl
1 gestrichener KL Dr. Oetker
Backpulver
20 g Backkakao
150 g weiche Butter
120 g Zucker
3 Eier (Größe M)
1 Prise Salz
2 EL Whiskey

Topping
200 g weiche Butter
150 g gesiebter Staubzucker
150 g Doppelrahm-Frischkäse
1 – 2 EL Whiskey

Zum Verzieren
100 g klein geschnittene
Milchkaramellen

Zubereitung

1. Für die Masse Mehl mit Backpulver und Kakao vermischen und in eine Rührschüssel sieben. Die übrigen Zutaten der Reihe nach dazugeben und mit dem Handmixer (Rührstäbe) glatt rühren.

Die Masse mithilfe von 2 Esslöffeln in eine mit Papierförmchen ausgelegte Muffinform füllen.

Die Form auf dem Rost in die Mitte des vorgeheizten Rohres schieben.

Ober-/Unterhitze: 180 Grad
Backzeit: etwa 25 Min.

2. Für das Topping Butter mit Staubzucker mit dem Handmixer (Rührstäbe) cremig aufschlagen. Frischkäse und Whiskey dazugeben und unterrühren. Die Creme in einen Spritzbeutel mit großer Sterntülle (12 mm Ø) geben und auf die Muffins spritzen.

3. Die Cupcakes kalt stellen und vor dem Servieren mit Milchkaramellen bestreuen.

Tipp:
Den Whiskey kann man in der Masse und im Topping auch ersatzlos streichen.

Überraschend einfach!

Regenbogen-Cupcakes

🧁 🧁 🧁 🕐 ca. 40 Min.

Zutaten für 12 Stück

All-in-Sandmasse
200 g glattes Mehl
2 gestrichene KL Dr. Oetker Backpulver
100 g Zucker
125 g weiche Butter
4 EL Milch
3 Eier (Größe M)

Buttercreme
1 Pkg. Dr. Oetker Tortencreme klassische Art
1/4 l raumwarme Milch
250 g sehr weiche Butter
140 g gesiebter Staubzucker
1 Pck. Dr. Oetker Vanillin Zucker
1/8 l Milch
1 Beutel Dr. Oetker Schlagschaum (1/2 Pkg.)
Dr. Oetker Back- & Speisefarben

Zubereitung

1. Für die Masse Mehl mit Backpulver vermischen und in eine Rührschüssel sieben. Die übrigen Zutaten der Reihe nach dazugeben und mit dem Handmixer (Rührstäbe) glatt rühren.

Die Masse mithilfe von 2 Esslöffeln in eine mit Papierförmchen ausgelegte Muffinform füllen.

Die Form auf dem Rost in die Mitte des vorgeheizten Rohres schieben.

Ober-/Unterhitze: 180 Grad
Backzeit: ca. 20 Min.

2. Für die Creme das Tortencremepulver mit dem Schneebesen in die Milch einrühren und zu einer cremigen Masse verrühren. Die Masse ca. 15 Minuten stehen lassen. Butter, Staubzucker und Vanillin Zucker mit dem Handmixer (Rührstäbe) schaumig rühren. Die Tortencreme löffelweise unter die Buttermasse rühren. Milch mit Schlagschaumpulver verrühren und nach Packungsanleitung zubereiten. Den Schlagschaum mit einem Schneebesen unter die Buttercreme rühren.

3. Die Creme in 3 Teile teilen und mit Speisefarben bis zum gewünschten Farbton einfärben. Ein mittelgroßes Stück Frischhaltefolie auf die Arbeitsfläche legen. Die Cremen längs nebeneinander darauf verteilen und zu einem Strang aufrollen. Die Enden gut verdrehen und auf einer Seite knapp abschneiden. Den Cremebeutel in einen Spritzbeutel mit Sterntülle (12 mm Ø) geben. Die Creme auf die erkalteten Muffins spritzen. Die Cupcakes so lange kühlen, bis die Creme angezogen ist.

Tipp:
Cupcakes mit Buttercreme immer bei Raumtemperatur servieren.

Kreatives
für Kinder

Schäfchen-Cupcakes

 ca. 40 Min.

Zutaten für 6 Stück

Zum Vorbereiten
6 Muffinförmchen
6 Mini-Muffinförmchen

All-in-Masse
60 g glattes Mehl
1/2 gestrichener KL Dr. Oetker
Backpulver
30 g Zucker
1 Pck. Dr. Oetker Vanillin Zucker
50 g weiche Butter
1 EL Milch
1 Ei (Größe M)

Vanillecreme
90 g weiche Butter
40 g gesiebter Staubzucker
1 EL Dr. Oetker Bourbon
Vanille Paste

Zum Verzieren
200 g Marzipanrohmasse
2 EL gesiebter Staubzucker
etwas Dr. Oetker Zuckerschrift
mit Schokoladen-Geschmack
2 Pck. Dr. Oetker
Mini Marshmallows

Zubereitung

1. Für die Masse Mehl mit Backpulver vermischen und in eine Rührschüssel sieben. Die übrigen Zutaten der Reihe nach dazugeben und mit dem Handmixer (Rührstäbe) zu einer glatten Masse verrühren. Jeweils 2 Papierförmchen der gleichen Größe ineinanderstellen und auf ein Backblech geben. Jeweils einen Esslöffel der Masse in die großen und jeweils einen Kaffeelöffel der Masse in die kleinen Förmchen füllen.

Die Förmchen auf dem Blech in die Mitte des vorgeheizten Rohres schieben.

Ober-/Unterhitze: 180 Grad
Backzeit: ca. 18 Minuten

2. Für die Creme Butter mit Staubzucker und Vanille Paste mit dem Handmixer (Rührstäbe) cremig aufschlagen. Die Creme kuppelförmig auf die Muffins streichen.

3. Marzipanrohmasse mit Staubzucker auf einer mit Staubzucker bestreuten Arbeitsfläche verkneten und zu einer Rolle formen. Die Hälfte der Marzipanrolle in 3 Teile teilen. Die übrige Marzipanrolle in 4 Teile teilen, davon 1 Stück für die Haare zur Seite geben. Von den 6 übrigen Stücken jeweils 3 erbsengroße Kugeln portionieren und daraus 3 längliche Tropfen (2 Ohren und 1 Schwänzchen) formen. Die großen Marzipanstücke zu Köpfen formen und etwas flach drücken. Die Ohren mit heller Zuckerschrift an den Köpfen befestigen. Für Augen und Nasenlöcher mit einem Holzspieß kleine Vertiefungen einstechen. Die Münder mit einem Teelöffel vorsichtig eindrücken. Mit weißer und dunkler Zuckerschrift die Augen aufspritzen.

4. Vom übrigen Marzipan kleine Stücke portionieren und zu dünnen Strängen rollen. Die Stränge zu kleinen Schnecken aufrollen und als Haarschopf mit Zuckerschrift an den Köpfen anbringen. Die Cupcakes erst vor dem Servieren mit den Mini Marshmallows, Marzipanköpfen und -schwänzchen verzieren.

Monster-Muffins

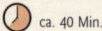 ca. 40 Min.

Zutaten für 12 Stück

Masse
200 g glattes Mehl
1 gestrichener KL Dr. Oetker
Backpulver
1 Pck. Dr. Oetker Natron
20 g Backkakao
200 g weiche Butter
100 g Zucker
1 Pck. Dr. Oetker Bourbon
Vanille Zucker
2 Eier (Größe M)
80 ml Milch
50 g flüssige Zartbitterkuvertüre
(30 Grad)

Zum Unterrühren
50 g gehackte Zartbitterkuvertüre

Zum Verzieren
etwas weißer Marzipan
etwas Dr. Oetker Back- & Speisefarbe
nach Wahl
einige Mandelstifte
etwas flüssige Dr. Oetker
Kuchen Glasur Kakao

Zubereitung

1. Für die Masse Mehl mit Backpulver, Natron und Kakao vermischen und in eine Rührschüssel sieben. Die übrigen Zutaten der Reihe nach dazugeben und mit dem Handmixer (Rührstäbe) glatt rühren.

2. Die Kuvertüre kurz unterrühren.

Die Masse mithilfe von 2 Esslöffeln in eine mit Papierförmchen ausgelegte Muffinform füllen.

Die Form auf dem Rost in die Mitte des vorgeheizten Rohres schieben.

Ober-/Unterhitze: 180 Grad
Backzeit: ca. 25 Min.

3. Einen Teil vom Marzipan mit Speisefarbe verkneten, beliebig formen und mit Mandelstiften und Glasur die erkalteten Muffins zu Monstern verzieren.

Zum Kindergeburtstag!

Smarties®-Muffins

🧁 🧁 🧁　🕐 ca. 40 Min.

Zutaten für 12 Stück

Sandmasse
4 Eier (Größe M)
80 g Zucker
1 Pck. Dr. Oetker Bourbon
Vanille Zucker
1 Prise Salz
200 g glattes Mehl
2 KL Dr. Oetker Backpulver
3 EL Backkakao
150 ml Milch
150 ml Speiseöl
100 g flüssige Zartbitterkuvertüre

Zum Verzieren
200 g Dr. Oetker Kuchen
Glasur Weiß Vanille-Geschmack
100 g Smarties®

Zubereitung

1. Für die Masse Eier mit Zucker, Vanille Zucker und Salz mit dem Handmixer (Rührstäbe) schaumig aufschlagen. Mehl mit Backpulver und Kakao vermischen, darübersieben und mit Milch und Speiseöl mit dem Kochlöffel unterheben. Die Kuvertüre kurz unterrühren.

Die Masse mithilfe von 2 Esslöffeln in eine mit Papierförmchen ausgelegte Muffinform füllen.

Die Form auf dem Rost in die Mitte des vorgeheizten Rohres schieben.

Ober-/Unterhitze: 180 Grad
Backzeit: ca. 25 Min.

2. Die Glasur erwärmen, die Muffins damit glasieren und vor dem Anziehen die Smarties® als Blumen darauf zusammensetzen.

Kuchen im Waffelbecher

 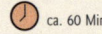 ca. 60 Min.

Zutaten für 32 Stück

Zum Vorbereiten

32 Waffelbecher

Sandmasse

125 g weiche Butter
100 g Zucker
1 Pck. Dr. Oetker Bourbon
Vanille Zucker
1 Prise Salz
2 Eier (Größe M)
125 g glattes Mehl
1 gestrichener KL Dr. Oetker
Backpulver
1 Beutel Dr. Oetker Dessert-Soße
Bourbon Vanille zum Kochen
1 EL Milch

Zum Verzieren

200 g flüssige Dr. Oetker
Kuchen Glasur Kakao
1 Pck. Dr. Oetker Feine Dekorblüten
einige Mini-Smarties®
einige Fruchtgummibären

Zubereitung

1. Für die Masse Butter mit Zucker, Vanille Zucker und Salz mit dem Handmixer (Rührstäbe) cremig aufschlagen. Die Eier einzeln einrühren. Mehl mit Backpulver und Soßenpulver vermischen, darübersieben und mit der Milch mit dem Kochlöffel unterheben.

Die Masse in einen Spritzbeutel ohne Tülle geben und ca. 2/3 hoch in die Waffelbecher spritzen. Die Waffelbecher auf ein Backblech stellen.

Das Blech in die untere Hälfte des vorgeheizten Rohres schieben.

Ober-/Unterhitze: 180 Grad
Backzeit: ca. 15 Min.

2. Die erkalteten Waffelbecher mit der Kuchenkuppel in die Glasur tauchen. Vor dem Erstarren der Glasur beliebig mit Dekorblüten, Smarties® und Gummibären dekorieren.

90

♡ Bären-Muffins

 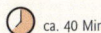 🕐 ca. 40 Min.

Zutaten für 12 Stück

All-in-Masse
180 g glattes Mehl
2 gestrichene KL Dr. Oetker Backpulver
150 g Zucker
1 Pck. Dr. Oetker Bourbon Vanille Zucker
150 g weiche Butter
2 Eier (Größe M)
5 EL Milch
1 EL Backkakao

Zum Unterrühren
50 g Dr. Oetker Raspelschokolade Vollmilch

Einlage
12 Toffifee®

Zum Verzieren
100 g Dr. Oetker Kuvertüre fix Vollmilch
1 KL Speiseöl
50 g Dr. Oetker Raspelschokolade Vollmilch
1 Pkg. Zuckeraugen
12 Toffifee®

Zubereitung

1. Für die Masse Mehl mit Backpulver vermischen und in eine Rührschüssel sieben. Die übrigen Zutaten der Reihe nach dazugeben und mit dem Handmixer (Rührstäbe) zu einer glatten Masse verrühren.

2. Die Raspelschokolade kurz unterrühren.

Die Masse mithilfe von 2 Esslöffeln in eine mit Papierförmchen ausgelegte Muffinform füllen.

3. Jeweils ein Toffifee® in die Masse drücken.

Die Form auf dem Rost in die Mitte des vorgeheizten Rohres schieben.

Ober-/Unterhitze: ca. 180 Grad
Backzeit: ca. 25 Min.

4. Zum Verzieren 24 Kuvertüre-Drops für die Ohren zur Seite geben. Übrige Kuvertüre fix mit Speiseöl bis max. 32 Grad erwärmen und verrühren. Mit einem Pinsel auf die erkalteten Muffins streichen und sofort mit Raspelschokolade bestreuen. Die Kuvertüre-Drops als Ohren, Zuckeraugen und Toffifee® als Nasen mit etwas Kuvertüre auf den Muffins zu Bärengesichtern zusammensetzen.

Schoko-Cake-Pops

  ca. 90 Min.

Zutaten für 32 Stück

Zum Vorbereiten
32 Cake-Pop-Sticks

Schoko-Sandmasse
170 g weiche Butter
120 g flüssige Zartbitterkuvertüre
(30 Grad)
40 g gesiebter Staubzucker
1 Pck. Dr. Oetker Bourbon
Vanille Zucker
1 Prise Salz
5 Dotter (Größe M)
5 Eiklar (Größe M)
120 g Zucker
160 g glattes Mehl
20 g Backkakao

Schokosirup
1/8 l flüssiges Schlagobers
25 g Zucker
10 g gesiebter Backkakao
50 g gehackte Zartbitterkuvertüre

Zum Untermischen
30 g flüssige Butter

Zum Tunken und Glasieren
100 g flüssige Dr. Oetker
Kuchen Glasur Kakao
100 g flüssige Zartbitterkuvertüre
(30 Grad)
etwas flüssige Dr. Oetker Kuchen
Glasur Weiß Vanille-Geschmack

Zum Bestreuen
Dr. Oetker Streudekor nach Wahl

Zubereitung

1. Für die Masse Butter mit Kuvertüre, Staubzucker, Vanille Zucker und Salz mit dem Handmixer (Rührstäbe) cremig aufschlagen. Die Dotter einzeln einrühren. Eiklar aufschlagen, den Zucker nach und nach dazugeben und cremig steif schlagen. Den Eischnee mit dem Kochlöffel unterheben. Mehl mit Kakao vermischen, darübersieben und einrühren.

Die Masse in eine befettete, bemehlte Kastenform (11 x 30 cm) füllen.

Die Form auf dem Rost in die untere Hälfte des vorgeheizten Rohres schieben.

Ober-/Unterhitze: ca. 180 Grad
Backzeit: ca. 45 Min.

2. Den erkalteten Kuchen halbieren. Eine Kuchenhälfte würfelig schneiden und 2 Esslöffel davon zur Seite geben.

3. Für den Schokosirup Schlagobers mit Zucker aufkochen. Kakao und Kuvertüre dazugeben und unter Rühren kurz kochen. Vom Herd nehmen und etwas überkühlt über die Kuchenwürfel geben. Die Butter dazugeben und zu einer formbaren Masse vermischen. Die Masse ca. 15 Min. stehen lassen. Ist die Masse zu weich, etwas von den zur Seite gegebenen Kuchenwürfeln dazugeben. Ist die Masse zu fest, 1-2 EL Milch dazugeben. Die Masse portionieren, 32 Kugeln formen und ca. 15 Min. kalt stellen.

4. Kakaoglasur mit Kuvertüre verrühren. Die Cake-Pop-Sticks ca. 1 cm tief in die weiße Glasur tauchen und in die Kugeln stecken. Die Glasur etwas anziehen lassen. Die Cake Pops in die vorbereitete Glasur tunken und etwas drehen. Vor dem Anziehen der Glasur mit Streudekor beliebig bestreuen. Die Cake Pops in ein mit Zucker befülltes Glas stecken.

Kuchen am Stiel

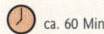 ca. 60 Min.

Zutaten für 18 Stück

Zum Vorbereiten
18 Eisstiele aus Holz

Sandmasse
250 g weiche Butter
200 g Zucker
1 KL Dr. Oetker Bourbon
Vanille Extrakt
5 Eier (Größe M)
250 g glattes Mehl
2 gestrichene KL Dr. Oetker
Backpulver
80 ml Orangensaft

Zum Verzieren
180 g gehackte Zartbitterkuvertüre
180 g gehackte Vollmilchkuvertüre
180 g gehackte weiße Kuvertüre
3 KL Speiseöl
etwas Dr. Oetker Streudekor
nach Wahl
einige Smarties®

Zubereitung

1. Für die Masse Butter mit Zucker und Vanille Extrakt mit dem Handmixer (Rührstäbe) cremig aufschlagen. Die Eier einzeln einrühren. Mehl und Backpulver vermischen, darübersieben und mit Orangensaft mit dem Kochlöffel unterheben.

Die Masse auf ein befettetes, bemehltes Backblech (30 x 35 cm) streichen.

Das Blech in die Mitte des vorgeheizten Rohres schieben.

Ober-/Unterhitze: 180 Grad
Backzeit: ca. 25 Min.

2. Den erkalteten Kuchen in 18 Stücke (ca. 5 x 11 cm) schneiden. Die Eisstiele bis zur Hälfte in flüssige Kuvertüre tauchen und in jedes Kuchenstück stecken. Die Kuvertüre anziehen lassen.

3. Die Kuvertüren jeweils mit 1 KL Speiseöl auf max. 34 Grad erwärmen. Mithilfe eines Kaffeelöffels auf der Oberseite und an den Seiten damit bedecken und auf ein mit Backpapier ausgelegtes Backblech geben. Vor dem Anziehen der Glasur die Kuchen am Stiel beliebig mit Streudekor und Smarties® verzieren.

Internationales Kleingebäck

Wie im Urlaub!

Pastéis de Nata

 ca. 40 Min.

Zutaten für 12 Stück

Blätterteig
2 Pkg. Frischer Blätterteig (à 270 g)

Zum Bestreuen
etwas Zimt

Puddingfüllung
550 ml Milch
1 KL Dr. Oetker Bourbon Vanille Paste
1 Pck. Dr. Oetker Original Pudding Vanille-Geschmack
50 g Zucker

Zum Bestreuen
etwas Staubzucker
etwas Zimt

Zubereitung

1. Die Teige nach Packungsanleitung vorbereiten, mit Zimt bestreuen und mit der Handfläche am Teig verreiben. Die Teige – mit der Zimtseite außen – auf der Längsseite einrollen und in je 6 gleiche Stücke schneiden. Die Teigstücke flach drücken, in eine befettete Muffinform geben und am Formrand hochdrücken. Den Teig mit einer Gabel mehrmals gut einstechen.

2. Für die Füllung ca. 480 ml der Milch mit Vanille Paste aufkochen, vom Herd nehmen und ca. 5 Min. ziehen lassen. Die übrige Milch mit Puddingpulver und Zucker verrühren. Das Puddingpulver-Milch-Gemisch einrühren und unter Rühren zu einem Pudding kochen. Den Pudding in die ausgelegten Förmchen füllen.

Die Form auf dem Rost in die Mitte des vorgeheizten Rohres schieben.

Ober-/Unterhitze: 220 Grad
Backzeit: ca. 25 Min.

3. Staubzucker mit Zimt vermischen und die noch warmen Pastéis de Nata damit bestreuen.

Schon gewusst?
Pastéis de Nata sind portugiesische Törtchen aus Blätterteig mit Puddingfüllung.

Donuts

🧁 🧁 🧁 🕐 ca. 40 Min.

Zutaten für ca. 12 Stück

Germteig
370 g glattes Mehl
1/2 Pck. Dr. Oetker Germ
1/2 Pck. Dr. Oetker Backpulver
40 g Zucker
1 Prise Salz
1 Ei (Größe M)
160 ml lauwarme Milch
(25 Grad)
80 g zerlassene Butter

Zum Ausbacken
1 l Speiseöl

Zum Verzieren
200 g flüssige Dr. Oetker
Kuchen Glasur Kakao
200 g flüssige Dr. Oetker
Zucker Glasur weiß
200 g erwärmte Dr. Oetker Ruby
Couverture Drops
Dr. Oetker Streudekor nach Wahl

Zubereitung

1. Für den Teig das Mehl in eine Rührschüssel sieben und mit Germ und Backpulver gut vermischen. Die übrigen Zutaten der Reihe nach dazugeben und mit dem Handmixer (Knethaken) zu einem glatten Teig verkneten. Zugedeckt an einem warmen Ort so lange gehen lassen, bis der Teig doppelt so hoch ist.

2. Den Teig nach dem Gehen auf einer bemehlten Arbeitsfläche zusammenstoßen (flach drücken von links und rechts zur Mitte hin einschlagen) und ca. 1 cm dick ausrollen.

3. Mit einem Ausstecher Kreise ausstechen (8 cm Ø). Dann die Mitte der Kreise so ausstechen, dass ca. 3 cm breite Ringe entstehen. Die Ringe auf ein bemehltes Küchentuch geben und zugedeckt an einem warmen Ort so lange gehen lassen, bis sie sich sichtbar vergrößert haben.

4. Das Öl auf ca. 180 Grad erhitzen.

5. Die Ringe kopfüber in das Öl geben, abdecken, wenden und ohne Deckel fertig backen. Die Donuts mit dem Schaumlöffel herausnehmen und auf Küchenpapier gut abtropfen lassen.

6. Die erkalteten Donuts beliebig glasieren und mit Streudekor bestreuen.

Schon gewusst?

In den USA und Kanada sind die bunten und zuckersüßen Donuts fest in der Alltagskultur verankert. In Europa waren sie lange nicht so bekannt.

Croissants

 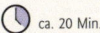 🕐 ca. 20 Min.

Zutaten für 14 Stück

Teig
1 Pkg. Croissant- & Plunderteig
(aus dem Kühlregal)

Zum Bestreichen
1 versprudeltes Ei

Zubereitung

1. Den Teig nach Packungsanleitung vorbereiten und in der Höhe auf ca. 40 cm nachrollen.

2. Den Teig der Länge nach durchschneiden und in 14 Dreiecke (12 x 20 cm) schneiden. Die Dreiecke an der Schmalseite mittig 2 cm tief einschneiden und zu Croissants formen (siehe Schrittfoto Seite 23).

3. Die Croissants mit Ei bestreichen.

Das Blech in die Mitte des vorgeheizten Rohres schieben.

Ober-/Unterhitze: 190 Grad
Backzeit: ca. 18 Min.

Tipps:

- Für Nuss-Croissants den Teig mit flüssiger Butter bestreichen. 160 g geröstete, geriebene Nüsse nach Wahl mit 90 g Zucker vermischen und aufstreuen. Nach Anleitung zu Croissants formen.
- Für Marmelade-Croissants 180 g Marillenmarmelade 2–3 Min. kochen und erkalten lassen. Wird die Marmelade vorher aufgekocht, läuft sie beim Backen nicht aus. Die erkaltete Marmelade am Einschnitt auf die Dreiecke aufteilen und nach Anleitung zu Croissants formen.

Schon gewusst?

Croissants gehören in Frankreich zu den klassischen Bestandteilen des Frühstücks. Croissants kann man nach Herzenslust belegen. Beliebt sind sie gefüllt mit Marmelade, Schokolade oder pikant mit Schinken und Käse.

Churros-Ringe

🗑 🗑 🗑   🕐 ca. 40 Min.

Zutaten für ca. 40 Stück

Zum Vorbereiten
Backpapier

Brandteig
100 ml Wasser
100 ml Milch
80 g Butter
3 EL Zucker
90 g glattes Mehl
2 Eier (Größe M)

Zum Ausbacken
1 l Speiseöl

Zum Wälzen
100 g Zucker
1 KL Zimt

Schokosoße
1/4 l flüssiges Schlagobers
80 ml Kondensmilch gesüßt
120 g gehackte Zartbitterkuvertüre
2 EL gesiebter Backkakao

Zubereitung

1. Aus Backpapier mehrere Blätter in Größe der Pfanne zuschneiden.

2. Für den Teig Wasser mit Milch, Butter und Zucker zum Kochen bringen. Vom Herd nehmen, das Mehl dazugeben und mit einem Kochlöffel verrühren. Zurück auf den Herd stellen (Hitze etwas reduzieren) und so lange rühren (abbrennen), bis eine glatte Masse entstanden ist, der Teig sich vom Topf löst und sich am Topfboden ein weißer Film bildet.

3. Den heißen Teig in eine Rührschüssel geben und etwas abkühlen lassen. Die Eier mit dem Handmixer (Rührstäbe) einzeln einrühren und nach jedem Ei glatt rühren. Der Teig soll so fest sein, dass die Konturen nicht verlaufen. Zu flüssiger (weicher) Teig ergibt ein breitgelaufenes Gebäck.

4. Das Öl auf ca. 180 Grad erhitzen.

5. Den Teig in einen Spritzbeutel mit Sterntülle (5 mm Ø) füllen und Ringe (5 cm Ø) auf die vorbereiteten Backpapierblätter aufspritzen.

Jedes Blatt mit Ringen kopfüber ins heiße Fett legen und mit dem Schaumlöffel leicht ins Fett drücken; dabei lösen sich die Churros-Ringe ab, und das Backpapier kann entfernt werden. Die Churros-Ringe mit einem Schaumlöffel hin und her bewegen und goldgelb frittieren. Mit dem Schaumlöffel aus der Pfanne heben und auf einem Kuchengitter, mit Küchenpapier belegt, abtropfen lassen.

6. Die warmen Churros-Ringe in Zimt-Zucker wälzen.

7. Für die Schokosoße die Zutaten unter Rühren ein Mal aufkochen lassen und zu den warmen Churros-Ringen servieren.

Schon gewusst?

Churros sind ein knuspriges Spritzgebäck aus Spanien. Typisch im Original ist die längliche Form mit sternförmigem Querschnitt. Der Brandteig wird direkt ins heiße Fett dressiert. Churros-Ringe dressiert man auf Backpapierblätter.

Kleine Galettes mit Birnen

Ausprobieren!

 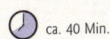 ca. 40 Min.

Zutaten für 12 Stück

Buchweizen-Mürbteig
160 g Buchweizenmehl
150 g klein geschnittene kalte Butter
50 g geriebene Mandeln
1/2 KL Zimt
1/2 KL Kardamom
1 Ei (Größe M)
1 EL Milch
50 g Braunzucker

Füllung
80 g weiche Butter
80 g Braunzucker
1 Ei (Größe M)
120 g geriebene Mandeln
380 g geschälte, entkernte, würfelig geschnittene Birnen

Zum Bestreichen und Bestreuen
1 Ei
1 EL Milch
20 g Braunzucker

Zum Dekorieren
einige Dr. Oetker Marzipan Blüten
einige Dr. Oetker Mini Dekorblüten

Zimt-Obers
1/4 l flüssiges Schlagobers
30 g Zucker
etwas Zimt
etwas Kardamom

Zubereitung

1. Für den Teig das Mehl mit den übrigen Zutaten auf eine Arbeitsfläche geben und mit den Händen verkneten. In Frischhaltefolie gewickelt ca. 1 Std. kalt stellen.

2. Den Teig auf einer leicht bemehlten Arbeitsfläche ausrollen und 12 Scheiben (11 cm Ø) ausstechen.

3. Für die Füllung Butter mit Braunzucker und Ei mit dem Handmixer (Rührstäbe) aufschlagen, die Mandeln einrühren und auf den Teigscheiben gleichmäßig verteilen; dabei einen Rand von 2 cm frei lassen. Die Birnenstücke darauf aufteilen. Den überstehenden Teigrand mithilfe einer Teigkarte einschlagen. Die Galettes auf zwei mit Backpapier ausgelegte Backbleche geben und ca. 20 Min. tiefkühlen.

4. Die Galettes aus dem Tiefkühler nehmen. Ei mit Milch versprudeln, die Ränder der Galettes damit bestreichen und mit Braunzucker bestreuen.

Ein Blech in die Mitte des vorgeheizten Rohres schieben.

Ober-/Unterhitze: 190 Grad
Backzeit: ca. 20 Min.

5. Den Backvorgang mit den übrigen Galettes wiederholen.

6. Die Galettes mit Dekorblüten dekorieren.

7. Schlagobers mit Zucker, Zimt und Kardamom halb steif schlagen und zu den warmen Galettes servieren.

Schon gewusst?

Galettes kommen aus Frankreich und werden aus Buchweizenmehl zubereitet. Es gibt sie in süßen und pikanten Varianten. Das Original ist aber herzhaft pikant belegt mit Ei, Käse, Schinken und Tomaten.

Amerikaner

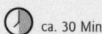 ca. 30 Min.

Zutaten für 12 Stück

Sandmasse

80 g weiche Butter
100 g Zucker
1 Pck. Dr. Oetker Bourbon Vanille Zucker
5 Tropfen Dr. Oetker Aroma Butter-Vanille
1 Prise Salz
2 Eier (Größe M)
250 g glattes Mehl
3 gestrichene KL Dr. Oetker Backpulver
100 ml Milch

Zum Bestreichen

ca. 2 EL Milch

Guss

150 g gesiebter Puderzucker
Saft von 1 Zitrone

Zubereitung

1. Für die Masse Butter mit Zucker, Vanille Zucker, Aroma und Salz mit dem Handmixer (Rührstäbe) cremig aufschlagen. Die Eier einzeln einrühren. Mehl mit Backpulver vermischen, darübersieben und mit der Milch mit dem Kochlöffel unterheben.

2. Mithilfe eines kleinen Eisportionierers 12 Portionen abstechen und mit genügend Abstand auf mit Backpapier ausgelegte Backbleche geben. Mit einem befeuchteten Messer etwas nachformen.

Ein Blech in die Mitte des vorgeheizten Rohres schieben.

Ober-/Unterhitze: 180 Grad
Backzeit: ca. 20 Min.

3. Nach ca. 15 Min. Backzeit die Oberfläche mit Milch bestreichen und bei gleicher Herdeinstellung fertig backen.

4. Den Vorgang mit den übrigen Amerikanern wiederholen.

5. Für den Guss Puderzucker mit Zitronensaft glatt rühren und die noch heißen Amerikaner auf der geraden Fläche damit glasieren.

Tipp:
Die Masse in einen Spritzbeutel mit Lochtülle Nr. 14 füllen und halbrund (ca. 5 cm Ø) aufdressieren.

Schon gewusst?
Ursprünglich hießen die Amerikaner „Ammoniakaner". Das kam vom Backpulver, das man früher verwendete, das Ammoniumhydrogencarbonat.

Cruffins

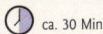 ca. 30 Min.

Zutaten für 12 Stück

Teig
1 Pkg. Croissant- & Plunderteig
(aus dem Kühlregal)

Zum Bestreichen
80 g flüssige Butter

Zum Bestreuen
etwas Staubzucker

Zum Füllen
60 g passierte Himbeermarmelade

Zubereitung

1. Den Teig nach Packungsanleitung vorbereiten und auf 46 x 24 cm Länge nachrollen. In 12 Streifen (ca. 4 cm breit) schneiden und mit Butter bestreichen.

Die Teigstreifen von der Schmalseite her leicht versetzt schneckenförmig aufrollen und in eine befettete Muffinform geben.

Die Form auf dem Rost in die Mitte des vorgeheizten Rohres schieben.

Ober-/Unterhitze: 200 Grad
Backzeit: ca. 18 Min.

2. Die erkalteten Cruffins mit Staubzucker leicht bestreuen.

3. Die Marmelade in ein Spritztütchen geben und in die Spitzen der Cruffins spritzen.

Tipp:
Man kann den Teig vor dem Einrollen auch mit Zimt-Zucker bestreuen.

Schon gewusst?
Cruffins sind eine Mischung aus Croissant und Muffin. Zu einem Cruffin-Hype kam es 2015 in San Francisco. Inzwischen gibt es zahlreiche Rezeptabwandlungen zum Nachbacken der Köstlichkeiten, die z. B. mit Cremen oder Marmeladen gefüllt werden.

Zitronen-Meringue-Tartelettes

   ⏱ ca. 30 Min.

Zutaten für 12 Stück

Mürbteig
200 g glattes Mehl
1/2 gestrichener KL Dr. Oetker Backpulver
100 g Zucker
80 g weiche Butter
1 Ei (Größe M)

Zum Blindbacken
200 g getrocknete Linsen

Zitronenpudding
1 1/2 Pck. Dr. Oetker Original Pudding Vanille-Geschmack
300 ml Wasser
200 g Zucker
200 ml Zitronensaft
Schale von 1 Zitrone
20 g Butter
3 Dotter (Größe M)

Baisermasse
3 Eiklar (Größe M)
80 g Zucker

Zubereitung

1. Für den Teig Mehl mit Backpulver vermischen und in eine Rührschüssel sieben. Die übrigen Zutaten der Reihe nach dazugeben und mit dem Handmixer (Knethaken) zu einem Teig verkneten. Den Teig in 12 gleiche Portionen teilen, jeweils rund (10 cm Ø) ausrollen und befettete Tartelettesförmchen damit auslegen. Den Teig mit einer Gabel mehrmals einstechen und die Linsen zum Blindbacken in den Förmchen verteilen.

Die Förmchen auf dem Rost in die untere Hälfte des vorgeheizten Rohres schieben.

Ober-/Unterhitze: 180 Grad
Backzeit: ca. 13 Min.

2. Die überkühlten Förmchen schräg halten und die losen und anhaftenden Linsen mit einem Löffel entfernen.

3. Für den Pudding Puddingpulver mit 200 ml Wasser mit der Schneerute verrühren. Übriges Wasser mit Zucker, Zitronensaft und -schale aufkochen. Vom Herd nehmen und angerührtes Puddingpulver mit der Schneerute einrühren. Den Pudding unter Rühren ca. 1 Min. kochen und die Butter einrühren. 4 EL der Puddingmasse mit den Dottern verrühren, dann die Dottermasse unter den Pudding rühren. Den Pudding auf die Förmchen aufteilen und ca. 1 Std. kalt stellen.

4. Für die Baisermasse Eiklar aufschlagen, den Zucker nach und nach dazugeben und steif schlagen. Die Baisermasse in einen Spritzbeutel mit beliebiger Tülle füllen und beliebig auf den Pudding spritzen.

Die Förmchen auf dem Rost in die Mitte des Rohres schieben und **ca. 8 Min. bei gleicher Herdeinstellung überbacken.**

5. Die Tartelettes in den Förmchen erkalten lassen.

Schon gewusst?

Tartelettes sind die kleine Form von französischen Tartes aus Mürbteig. Meist werden sie mit einer Puddingfüllung und Früchten serviert.

Toffee-Pekan-Cookies

  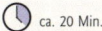 🕐 ca. 20 Min.

Zutaten für 14 Stück

Cookie-Teig
170 g weiche Butter
130 g Braunzucker
50 g Zucker
1 Pck. Dr. Oetker Vanillin Zucker
1 Prise Salz
1 Röhrchen Dr. Oetker Aroma Butter-Vanille
2 Eier (Größe M)
400 g glattes Mehl
1/2 gestrichener KL Dr. Oetker Backpulver
100 g gehackte Pekannüsse
150 g grob geschnittene Milchkaramellen

Ei-Streiche
1 Ei
1 Prise Salz
1 EL Wasser

Zubereitung

1. Für den Teig Butter mit Braunzucker, Zucker, Vanillin Zucker, Salz und Aroma mit dem Handmixer (Rührstäbe) nur cremig rühren. Die Eier einzeln einrühren. Mehl mit Backpulver vermischen, darübersieben und mit Pekannüssen und Milchkaramellen mit dem Kochlöffel unterrühren.

2. Den Teig mithilfe eines Löffels oder Eisportionierers in 14 Kugeln portionieren und mit genügend Abstand auf zwei mit Backpapier ausgelegte Backbleche geben.

3. Für die Ei-Streiche die Zutaten verrühren und die Cookies damit bestreichen.

Ein Blech in die Mitte des vorgeheizten Rohres schieben.
Ober-/Unterhitze: 170 Grad
Backzeit: ca. 20 Min.

4. Den Backvorgang mit den übrigen Cookies wiederholen.
Die Cookies auf dem Blech erkalten lassen.

Schon gewusst?
American Cookies gehören zu den bekanntesten Klassikern aus Amerika. Den Klassiker mit Schokostückchen gibt es mittlerweile in verschiedenen Varianten. Erlaubt ist, was gefällt und schmeckt.

Schoko-Bananen-Cookies

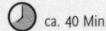 ca. 40 Min.

Zutaten für 36 Stück

Cookie-Teig
150 g weiche Butter
200 g Braunzucker
1 Pck. Dr. Oetker Bourbon Vanille Zucker
1 Prise Salz
1 Ei (Größe M)
125 g Weizenvollkornmehl
1 gestrichener KL Dr. Oetker Backpulver
150 g Dr. Oetker Vitalis Knuspermüsli Schoko-Banane
1 EL Milch

Zubereitung

1. Für den Teig Butter mit Braunzucker, Vanille Zucker und Salz mit dem Handmixer (Rührstäbe) nur cremig rühren. Das Ei einrühren. Weizenvollkornmehl mit Backpulver vermischen und mit dem Kochlöffel in zwei Portionen unterrühren. Müsli mit Milch kurz unterrühren.

2. Vom Teig mithilfe eines Löffels oder Eisportionierers 36 Portionen abstechen. Mit befeuchteten Händen zu Kugeln rollen und mit viel Abstand (zerfließen beim Backen) auf drei mit Backpapier ausgelegte Backbleche geben. Die Teigstücke leicht flach drücken.

Ein Blech in die Mitte des vorgeheizten Rohres schieben.

Ober-/Unterhitze: 180 Grad
Backzeit: ca. 11 Min.

3. Den Backvorgang mit den übrigen Cookies wiederholen.

Cookies mit
dunkler Schokolade und Pistazien

   ca. 20 Min.

Zutaten für 20 Stück

Cookie-Teig
110 g weiche Butter
50 g Braunzucker
100 g Zucker
1 Pck. Dr. Oetker Vanillin Zucker
1 Prise Salz
1 Ei (Größe M)
210 g glattes Mehl
1 gestrichener KL Dr. Oetker
Backpulver
25 g Dr. Oetker Pistazien gehackt
40 g Dr. Oetker Schoko Tröpfchen
75 g klein gehackte Zartbitterkuvertüre

Ei-Streiche
1 Ei
1 Prise Salz
1 EL Wasser

Zubereitung

1. Für den Teig Butter mit Braunzucker, Zucker, Vanillin Zucker und Salz mit dem Handmixer (Rührstäbe) nur cremig rühren. Das Ei einrühren. Mehl mit Backpulver vermischen, darübersieben und mit dem Kochlöffel unterrühren. Pistazien, Schoko Tröpfchen und Kuvertüre kurz einrühren.

2. Vom Teig mithilfe eines Löffels oder Eisportionierers 20 Portionen abstechen und mit genügend Abstand auf zwei mit Backpapier ausgelegte Backbleche geben.

3. Für die Ei-Streiche die Zutaten verrühren und die Cookies damit bestreichen.

Ein Blech in die Mitte des vorgeheizten Rohres schieben und die Cookies mit wenig Farbe backen.

Ober-/Unterhitze: 180 Grad
Backzeit: ca. 10 Min.

4. Den Backvorgang mit den übrigen Cookies wiederholen. Die Cookies auf dem Blech erkalten lassen.

Vegane Mandel-Cookies

    ca. 20 Min.

Zutaten für ca. 15 Stück

Mürbteig
100 g Dinkelvollkornmehl
1/2 gestrichener KL Dr. Oetker Backpulver
1 EL Backkakao
1 KL Zimt
50 g Rohrzucker
75 g vegane Margarine
50 g Mandelstifte
1 EL Sojadrink, ungesüßt
50 g klein gehackte vegane Zartbitterkuvertüre

Zubereitung

1. Für den Teig Dinkelvollkornmehl mit Backpulver, Kakao und Zimt in eine Rührschüssel geben und vermischen. Rohrzucker, Margarine und Sojadrink dazugeben und mit dem Handmixer (Knethaken) einrühren. Mandelstifte und Kuvertüre (1 EL zum Bestreuen zur Seite geben) kurz unterrühren.

2. Den Teig mithilfe von 2 Esslöffeln auf ein mit Backpapier ausgelegtes Backblech geben und mit der zur Seite gegebenen Kuvertüre bestreuen.

Das Blech in die Mitte des vorgeheizten Rohres schieben.

Ober-/Unterhitze: 180 Grad
Backzeit: ca. 14 Min.

Franzbrötchen

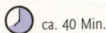 ca. 40 Min.

Zutaten für 18 Stück

Germteig
500 g glattes Mehl
1 Pck. Dr. Oetker Germ
70 g Zucker
1 Pck. Dr. Oetker Vanillin Zucker
1 Prise Salz
1 Ei (Größe M)
1/4 l Milch
70 g weiche Butter

Variante Mohnfüllung
150 ml Milch
50 g Butter
100 g Zucker
1/2 Pck. Dr. Oetker Finesse Geriebene Orangenschale
2 KL Dr. Oetker Bourbon Vanille Paste
250 g geriebener Mohn

Variante Zimtfüllung
100 g weiche Butter
100 g Zucker
3 KL Zimt

Zum Bestreichen
2 EL Milch

Guss
100 g gesiebter Staubzucker
2 EL Rum

Zubereitung

1. Für den Teig das Mehl in eine Rührschüssel sieben und mit der Germ gut vermischen. Die übrigen Zutaten der Reihe nach dazugeben und mit dem Handmixer (Knethaken) zu einem Teig verkneten. Zugedeckt an einem warmen Ort so lange gehen lassen, bis der Teig doppelt so hoch ist.

2. Für die **Variante Mohnfüllung** die Milch zum Kochen bringen. Die Butter darin zerlassen und Zucker, Orangenschale und Vanille Paste einrühren. Zuletzt den Mohn einrühren.

Für die **Variante Zimtfüllung** Butter mit Zucker und Zimt mit dem Handmixer (Rührstäbe) gut verrühren.

3. Den Teig nach dem Gehen auf einer leicht bemehlten Arbeitsfläche zusammenstoßen (flach drücken und von links und rechts zur Mitte hin einschlagen) und rechteckig (25 x 90 cm) ausrollen.

Die Füllung nach Wahl gleichmäßig auf den Teig streichen. Den Teig von einer Längsseite her fest aufrollen und in 18 gleich große Stücke, ca. 5 cm breit, schneiden und ca. 15 Min. gehen lassen. Die Teigstücke mit einem Kochlöffelstiel von oben mittig eindrücken, sodass die eingerollten Seiten nach oben zeigen. Die Franzbrötchen auf ein mit Backpapier ausgelegtes Backblech geben und mit Milch bestreichen.

Das Blech in die Mitte des vorgeheizten Rohres schieben.

Ober-/Unterhitze: 180 Grad
Backzeit: ca. 23 Min.

4. Für den Guss Staubzucker mit Rum glatt rühren und die heißen Franzbrötchen damit bestreichen.

Schon gewusst?

Franzbrötchen sind eine Spezialität der Hamburger Küche und sind im Original mit Zimt-Zucker gefüllt. Das Gebäck ist in verschiedenen Varianten, z. B. mit Mohn, bekannt.

Türkische Apfeltaschen

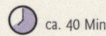 ca. 40 Min.

Zutaten für 16 Stück

Teig
1 Ei (Größe M)
90 g Zucker
1 Prise Salz
1 KL Dr. Oetker Bourbon Vanille Extrakt
150 g Cremejoghurt
50 ml Speiseöl
250 g Dinkelvollkornmehl
250 g gesiebtes Dinkelmehl
1 Pck. Dr. Oetker Backpulver

Füllung
500 g geschälte, grob geriebene Äpfel
100 g Zucker
1 KL Zimt
100 g gehackte Pekannüsse

Zum Glasieren
120 g gesiebter Staubzucker
1 1/2 EL Wasser

Zubereitung

1. Für den Teig Ei mit Zucker, Salz und Vanille Extrakt mit dem Handmixer (Rührstäbe) cremig rühren. Joghurt und Öl einrühren. Die Mehle mit Backpulver vermischen, dazugeben und mit dem Handmixer (Knethaken) zu einem Teig verkneten.

2. Für die Füllung Äpfel mit Zucker und Zimt in einem Topf vermischen und dünsten, bis die Flüssigkeit verdampft ist. Vom Herd nehmen und die Nüsse unterrühren.

3. Den Teig in 4 gleiche Stücke teilen und auf einer bemehlten Arbeitsfläche jeweils rund (ca. 24 cm Ø) ausrollen. Die Teigscheiben vierteln und jeweils zwei Mal an den geraden Seiten einschneiden, ohne dass sich die Einschnitte berühren. Die Füllung der Länge nach auf die Teigstücke aufteilen, die runde Außenkante nach innen klappen und die beiden äußeren Seiten nach innen übereinander schlagen.

4. Die Apfeltaschen auf ein mit Backpapier ausgelegtes Backblech geben.

Das Blech in die Mitte des vorgeheizten Rohres schieben.

Ober-/Unterhitze: 180 Grad
Backzeit: ca. 15 Min.

5. Staubzucker mit Wasser verrühren und die heißen Apfeltaschen damit glasieren.

Schon gewusst?

Im Original heißt das Gebäck Elmali Kurabiye und ist in zahlreichen türkischen Bäckereien erhältlich. Die hübsche Schnitt-Technik wertet das köstliche Gebäck zusätzlich auf.

Auch bekannt als Cheesecake Sticks

Kuchensticks

 ca. 60 Min.

Zutaten für 14 Stück

Zum Vorbereiten
14 Eisstiele aus Holz

Streuselteig
100 g glattes Mehl
30 g Zucker
1 Pck. Dr. Oetker Vanillin Zucker
1 Prise Salz
60 g weiche Butter

Topfenfüllung
2 Eier (Größe M)
50 g Zucker
1 Pck. Dr. Oetker Original Puddingpulver Vanille-Geschmack
500 g Speisetopfen (20 %)
200 ml geschlagenes Schlagobers

Zum Glasieren
200 g flüssige Dr. Oetker Kuchen Glasur Weiß Vanille-Geschmack
200 g flüssige Dr. Oetker Kuchen Glasur Kakao
200 g flüssige Dr. Oetker Kuchen Glasur Vollmilch

Zum Verzieren
Dr. Oetker Streudekor nach Wahl
Süßigkeiten nach Wahl

Zubereitung

Achtung: Für Kuchensticks muss der Topfenkuchen einen Tag im Voraus gebacken werden!

1. Für den Streuselteig die Zutaten auf eine Arbeitsfläche geben und mit den Händen verreiben. Die Streusel in eine Springform (20 cm Ø) geben und mit einem Esslöffel andrücken.

Die Form auf dem Rost in die untere Hälfte des vorgeheizten Rohres schieben.

Ober-/Unterhitze: 200 Grad
Backzeit: ca. 15 Min.

2. Für die Topfenfüllung Eier mit Zucker mit dem Handmixer (Rührstäbe) schaumig aufschlagen. Puddingpulver mit Topfen unterrühren. Das Schlagobers unterheben. Die Topfenmasse auf den Streuselboden in die Form gießen.

Die Form auf dem Rost in die untere Hälfte des Rohres schieben.

Ober-/Unterhitze: 180 Grad
Backzeit: etwa 45 Min.

3. Den Kuchen in der Form auf einem Kuchengitter erkalten lassen. Den Springformrand entfernen und den Topfenkuchen über Nacht in den Kühlschrank stellen.

4. Den Topfenkuchen aus dem Kühlschrank nehmen, damit er Raumtemperatur bekommt.

5. Den Topfenkuchen in 14 Stücke schneiden, auf ein Kuchengitter stellen und mit Glasuren beliebig glasieren. Die Eisstiele erst nach dem Glasieren in die Tortenstücke stecken.

6. Vor dem Anziehen der Glasuren die Kuchensticks mit Streudekor und Süßigkeiten beliebig verzieren.

Rezeptübersicht